［入門］国際公共政策

グローバル社会の貿易・貧困・環境・紛争

石塚勝美［著］

創成社

はじめに

２０１１年、アフリカの南スーダン共和国という国が北のスーダン共和国から独立を果たし、国際連合（国連）に加盟しました。南スーダンの加盟で、国連の加盟国数は１９３になりました。国連が設立された時の加盟国数が51ですので（日本も１９５６年に加盟を果たしました）、国連加盟国数も随分と増加したことになります。国際サッカー連盟（ＦＩＦＡ）に加盟している国・地域はさらに多く２０８にも上ります。ブラジルで行われたワールドカップの予選には２０３もの国が参加しました。いずれにしても国際社会にはとても多くの国が存在し、国連やＦＩＦＡのような国際組織に加盟しています。

そしてこのような国際組織に参加している約２００もの国は、国土の大きさや人口の多さ、さらには経済的な規模もさまざまです。例えば、国土面積でいうと世界最大のロシア連邦の総面積は、世界の総陸地の11・５％を占め、その大きさは日本の面積の45倍で、国土面積最小のバチカンの面積の実に３８００万倍の大きさです。世界の人口を比べると世界最大の人口を誇るのは中国で、その人口は約13億人に上ります。第2位はインドで約12億人です。インドの国土面積は広大ですが、そのインドの国土面積の約3分の2にあたる島にデンマーク王国の一部とされているグリーンランドがあります。この広大なグリーンランドの人口は約5万7000人で、インドの人口のおよそ2000分の1です。世界最大の経済大国のアメリカは、国連全予算の約22％を負担しています。国連分担金の額は、その国の経済力（国内総生産など）に比例しています。しかし、国連加盟国の193カ国の上位20カ国以外の残りの173カ国の国連分担金を合わせても全体の13・5％にしかなりません。経済的に裕福な国の人々は、食べ過ぎや肥満に頭を悩ませる一方で、他国では何日も十分な食事ができずに飢餓に苦しむ人々もいるのです。超大国であるアメリカは軍事力でも傑出しています。アメリカの軍事予算総額は、ヨーロッパ連合（EU）全加盟国の軍事予算総額を上回ります。一方で、弓矢などの原始的な道具で紛争を行っている部族も世界には存在しています。

教育の面ではいかがでしょうか。例えば、自国の言語の文字が読めるという識字率に関して言えば先進国の多くでは100％に近い国が多いのですが、東ティモールでは50％、アフガニスタンでは37％です。大学進学率でいえば、OECD（経済開発協力機構）の中でもオーストラリアが96％で韓国は71％と高い進学率を誇りますが、ルクセンブルグは28％です。一方、大学進学者はほとんどいないという開発途上国も多く存在します。政治面ではどうでしょう。日本の首相は毎年のように交代すると言われていますが、キューバのカストロ議長は1959年にキューバ革命を起こしてから50年以上も国のリーダーとして君臨しました。そもそも民主的な選挙を定期的にしっかり行う国もあれば、選挙など実施しない国も多いのです。言いたいことを何でも言うことが許される国もあれば、国や政治家の批判をするだけで逮捕されてしまう国もあるのです。環境面でも、大気汚染のひどい中国の都市と比較し、南太平洋の島々の空気や海のきれいさは抜群に良いといえるでしょう。でもそのような島国でも、中国にはないような別の意味での環境問題を抱えていることがあります。

このように世界では実にさまざまな国が共存しています。そして、世界の国々がそれぞれの悩みや問題を抱えています。その問題は、国によって貧困問題であったり、紛争問題であったり、外交問題であったり、環境問題であったりするのです。そしてこのような問題は、国々において決して単独で抱えている問題ではなく、諸外国との関係を持つことによって抱えていくことが多いといえます。この本では、このような問題を「国際問題」と考えます。このような国際問題に対して、それぞれの国は自分たちで考えるのではなく、国際社会全体で共通のルールや枠組みを作って解決していこうとする試みがなされています。このような試みを「国際公共政策」と言います。

この本は、とりわけ貿易・貧困・環境・紛争の国際問題に焦点を当てて、具体的には国際組織によるさまざまな国際公共政策をわかりやすく説明しています。第1章は貿易（経済問題）、第2章はグローバル化と貧困問題（開発問題）、第3章は地球温暖化（環境問題）、そして第4章は国内紛争（安全保障問題）について取り上げています。

第1章の「貿易の自由化におけるWTOとTPP：自由貿易か保護貿易か」では、まず自由貿易を推進すべき理論であるデビッド・リカードの「比較優位論」を説明します。それから保護貿易の内容を、具体的な事例を交えて紹介していきます。そして国際自由貿易体制であるGATT（関税と貿易に関する一般協定）そしてとりわけWTO（世界貿易機関）について詳しく説明していき、WTOの諸協定や紛争事例について議論しています。しかしこのWTOも「一枚岩」になりきれない問題を抱えており、地域機構内における自由貿易体制の台頭として、EU（ヨーロッパ連合）やTPP（環太平洋戦略的経済連携協定）について取り上げます。しかしTPPの枠組みの構築においても各国が国内事情を配慮しての主張が見られます。国際社会における完全な自由貿易体制への移行は可能であるのかを考えていきます。

第2章の「国際社会のグローバル化と貧困問題：援助か貿易か」において、この本は今注目されているグローバル化を「批判的な目」でとらえています。確かに昨今ではグローバル化あるいはグローバリゼーションが急速に進んでおり、それにより私たちの生活も多様化して豊かになった部分があります。しかしその一方で、グローバル化の基本原則である「規制緩和」、そしてグローバル化の象徴であるＷＴＯの政策や世界銀行が実施したさまざまな金融政策によって国際社会の貧富の差が拡大したという考え方をこの本では紹介しています。そしてこの章では、貿易を推進するのみでは貧困問題の解決には限界があり、国際的な枠組みでの援助活動の必要性についても考えていきます。

第３章の「地球温暖化と環境問題：先進国のみの責任か世界全体の責任か」では、まず地球温暖化の基礎知識として、温暖化の仕組みやそれが国際社会に与えるさまざまな影響について説明しています。比較的新しいこの温暖化の問題は、１９９０年代より国際社会に浸透していきますが、地球温暖化の元凶である温室効果ガスの排出削減における各国の割り当てに関しては各国の国益にも絡み、とても容易にはコンセンサスが得られない状況がこの本では述べられています。この温暖化対策に関する各国の国益という点では、この温暖化問題が「不都合な真実」としてアメリカでは積極的に取り組まれてこなかった事実も述べられています。これからは、先進国と途上国を含むすべての国が、温暖化対策に対する目標を掲げて実行していくべきかどうかをこの章では考えていきます。

第４章の「世界の国内紛争化と国際社会の対応：「内政不干渉」か「保護する責任」か」では、大国主導の国際安全保障体制に取って代えられた国連平和維持活動（ＰＫＯ）を中心に述べられています。東西冷戦が終了し、人道的にとても残酷な国内紛争がアフリカ諸国を中心に勃発しました。それらの紛争に介入した国連ＰＫＯの具体的なケースにより、国際社会における紛争解決対策の変化を説明していきます。距離的にも遠い地にあるアフリカの残酷極まりない国内紛争に対して、国際社会は見て見ぬふりをすることができるのか、それとも正義感を持って介入すべきなのかについて考えていきます。

この本の各章には、このような国際公共政策において、国連をはじめとしてＷＴＯ、世界銀行といった国際機関が出てきます。そしてそのような国際機関が作り上げたルールや政策、さらには法的な枠組みの多くは、地球規模（グローバル）で統一されたものです。簡単に言えば、ある国際問題に対して全世界が歩調を合わせ、同じ方向にベクトルを合わせましょうということです。よって、そのような状況下における国際社会は「グローバル社会」とも言えるでしょう。

この本で取り上げる問題は、テレビのニュースでも新聞の国際面でも連日のように取り上げられている問題ばかりです。この本は、そのような問題を歴史的な背景を交えて、もう少し深く掘り下げた内容になっています。よってこの本は、このような国際問題をもう少し詳しく知りたいと思っている一般的な読者から、この分野で専門的に学んでいる大学生まで幅広い読者層を考えて書かれています。この本の内容を理解することによって、一般的な読者はさらにニュースや新聞の内容を深く理解するようになり、大学生のような専門家の卵のような人たちはさらなる深い研究へと着実にステップアップしていけると期待できます。そして日本人の多くの方の間で、世界で抱えているさまざまな問題を理解して改善しようとする気持ちが高まれば、これはそのような国際問題の解決の重要な一歩にもなるはずです。

最後に、この出版にあたっていろいろなアイデアや助言を事前に下さり、そして執筆の間は辛抱強くそして暖かく寛大な心で見守ってくださいました、塚田尚寛社長をはじめとする(株)創成社の皆様に感謝の意を込めたいと思います。

石塚勝美

2014年6月

目次

第4章 世界の国内紛争化と国際社会の対応：「内政不干渉」か「保護する責任」か…… 147

第 1 章

貿易の自由化における WTO と TPP：自由貿易か保護貿易か

1　貿易の定義と理論による自由貿易の推進：デビッド・リカードの比較優位論

日本をはじめとして世界のほとんどの国は、貿易を通して外国と通商を行っています。貿易を定義すると「外国との通商を通して、お互いの余剰物を交換することによって、より豊かな生活を実践しようとする人々の経済活動の1つ」ということになります。ここで注目すべきことは、「お互いの余剰物を交換すること」そして「より豊かな生活を実践すること」です。まず「お互いの余剰物を交換すること」ですが、それぞれの国家にはそれぞれが得意とする産物、いわゆる特産物があります。そのような産物や製品は自分の国で消費する以上の数の生産が可能になります。また一方で、それぞれの国家においてどうしても生産できない、あるいは手に入れることができない物があるはずです。例えば日本では、国民全員が利用できるくらいの石油を国内で産出することはできません。すなわち、「我々は1カ所に住むことによって得られる利益もあるが、限られた物しか手に入らない不利益も持っている」といえるでしょう。ですから私たちは、余剰物を海外に輸出して、そこで得た収益を利用し国内で入手できない物を海外から輸入していく必要があるのです。

イギリスの古典派経済学者
デビッド・リカード

次に、貿易を通して「より豊かな生活を実践すること」ですが、これはより専門的に言えば、貿易をすることによって国内全体の経済的な利益が上がるということです。「余剰物を輸出して足りない物を輸入する」というのは何か便宜的で、「必要だから行う」といった意味合いがありますが、「国家の経済的利益の向上」はもっと積極的な意味合いがあります。すなわち、貿易をしないことよりも積極的にした方が国の経済的数値が高まり、国が豊かになるということです。

このように、国家が自由に貿易することはその国家にとっても利益が上がることを理論的に実証したのは、19世紀のイギリスの経済学者のデビッド・リカードという人です。リカードは、2カ国の異なった労働生産性に注目して、以下のようにして国家による貿易の有益性を説いたのです。この理論を比較優位論といいます。まずは次の表1－1を見てください。

表1－1は、イギリスとポルトガルのワイン100キロと布地100キロに費やされる労働者の人数を示したものです（あくまでも仮定です。実際の数値ではありません）。この表から、イギリスがワインと布地を生産するにあたっての生産性は、ポルトガルの同様の生産性と比較しても低いといえます。この時、イギリスのワインと布地の生産性は、ポルトガル

表１－１　イギリスとポルトガルにおけるワインと布地の労働生産性（仮定）

	イギリス	ポルトガル
ワイン100キロ	120人	80人
布地100キロ	100人	90人

表１－２　イギリスとポルトガルにおけるワインと布地の労働生産性（仮定）

	イギリス（絶対劣位）	ポルトガル（絶対優位）
ワイン100キロ	120人（比較劣位）	80人（比較優位）
布地100キロ	100人（比較優位）	90人（比較劣位）

に対して絶対劣位にあるといい、逆にポルトガルの生産性は、イギリスに対して絶対優位にあるといえます。デビッド・リカードは、この生産性の異なる2カ国が貿易をしても双方に利益が生まれることを実証しました。

まず、イギリスとポルトガル双方が、それぞれワイン100キロと布地100キロを生産するにあたっての労働者の総数は・・・

120＋100＋80＋90＝390人となります。

一方、イギリスだけを見た場合のイギリスのワインと布地の生産性を比較すると、布地はワインに対して比較優位の立場にあり、ワインは布地に対して比較劣位にあるといえます。一方、ポルトガルだけを見た場合、ポルトガルにおけるワインと布地の生産を比較すると、ワインは布地に対して比較優位にあるといい、布地はワインに対して比較劣位にあるといえます（表１－２参照）。

ここで、イギリスとポルトガルがそれぞれ比較優位にある物、すなわちイギリスが布地のみを、そしてポルトガルがワインのみをそれぞれ２００キロ生産したと仮定した場合の労働者の総数は・・・

１００＋１００＋80＋80＝３６０人となります。

つまり、イギリスとポルトガル双方でワインと布地を合わせて２００キロ生産した場合、それぞれが１００キロずつ生産するよりも、それぞれが比較優位にある物のみに専念して生産した方が労働者の総数が減り（３９０－３６０＝30人）、生産性が上がると考えられます。そしてイギリスはポルトガルからワインを輸入し、ポルトガルはイギリスから布地を輸入すれば以前の状況と変わらなくなります。さらにイギリスは布地に生産を集中することにより・・・２２０－２００＝20人の労働者が余ったことになり、この20人にさらに布地の生産をさせると、20キロの布地の生産が増える。同様にポルトガルは、ワインに生産を集中することにより・・・１７０－１６０＝10人の労働者が余ったことになり、これら10人をワインの生産に集中させることにより、12・５キロのワインの生産が増えるのです。

つまりデビッド・リカードは、「生産性が異なる2カ国でも、それぞれ比較優位にある物に生産を集中させ、それを輸出し、比較劣位にある物を他国から輸入すれば、2カ国双方にメリットがある」という比較優位論を唱えました。言い換えれば、デビッド・リカードは自由貿易の優位性を立証したことになります。このリカードの比較優位論によって、それぞれの国家は自国の得意とする物の生産に特化し、他の物は貿易で賄うことで、より多くの物を効率よく得ることができることがわかったのです。リカードの比較優位論は貿易の大原則であり、現在のノーベル経済学賞に匹敵すると言われています(1)。

また経済的効果のことを考えると、大量生産を行うと単位当たりの生産コストが減少していきます。例えば、家庭内でも少人数の家族と大人数の家族で同じ料理を作った場合、大人数の家族で料理した方が割安であることと同じです。つまりデビッド・リカードの上記の例でいえば、イギリスがポルトガルの布地市場の分を考え、布地を今までより多く作れば、さらにその生産性も増し、ポルトガルがイギリスのワイン市場の分を考え、ワインを今までより多く作れば、ワインの生産性も増すので、まさに一石二鳥となるわけです。

2 保護貿易と自由貿易

このように貿易をすることとは、経済的に優れている国でもそうでない国でも利益をもたらし、まさに上記で述べた通りに、貿易は「より豊かな生活を実践しようとする人々の経済活動の1つ」ということができるでしょう。そして世界には、この貿易を最大限に利用して多大な利益を得ている、すなわち貿易を武器にしている国家が多くあります。例えば、東南アジアの中で一番貿易額が多いのは、東南アジアで一番面積が小さいシンガポールです。また東アジアの小島である台湾の輸出額は、南アメリカ最大の面積を誇るブラジルの輸出額よりも多いのです。また香港の輸出額も、面積では世界最大であるロシアの輸出額とほぼ同じです。ヨーロッパでは、国の規模ではほぼ同等のドイツとイギリスですが、貿易額となればドイツがイギリスの2倍以上の貿易額を誇ります(2)。

このような貿易を得意としている国家の貿易額が多いのは、その国の製品の品質がよく、値段も手ごろであるからであり、その結果海外からの注文も多いといえます。つまり、そのような国の製品は「競争力」があるといえます。しかしそのような貿易を得意としている国家が、国際貿易の枠組みの中で「好きなだけ自由に貿易をしている」かといえばそうではありません。つまり、自由に貿易をすることによって海外の競争力のある製品がどんどん輸入されることにより、比較的競争力のない自国の製品(品質の割には値段が高い製品)が売れなくなったらどうなるでしょう。国内の産業が衰退してしまいます。その結果、その国の政府が、品質がよく値段が手ごろな輸入品の流入に歯止めをかけて、国内産業を保護する動きが出てきます。このような貿易は、国内産業を保護するという意味から「保護貿易」といいます。そしてそのような考え方を「保護主義」といいます。それでは保護貿易の典型とは何でしょう。それは、自国政府が輸入品に対して税金、すなわち関税をかけることです。例え

表１－３　関税の仕組み

	外国産輸入自動車	国産自動車
車体価格	100万円	100万円
関　　税	20万円	0円
販売価格	120万円（不利）	100万円（有利）

ば、自動車産業でいえば、国産の自動車と外国産輸入車が同じ１００万円で販売されていたとしましょう。ところがこの2カ国の自動車をそのまま１００万円で国内で販売すると、性能がよくまたスタイルもよい外国産輸入車の方ばかりが売れてしまい、国産の自動車がまったく売れなくなってしまうとします。そこでこの国の政府は「もっと国産自動車を売れるようにしよう」と、外国産輸入自動車に20％の関税をかけることにします。そうすると外国の車の輸出業者は、１００万円の車1台につき20万円の税金を政府に払わなければなりません。するとそのまま１００万円で売っても利益が出ませんので、関税を払った分だけ車の販売額をあげることになります。すなわち外国産輸入車は、本来１００万円で売る予定であった車を１２０万円にして売らなければなりません。そうすると「１２０万円の輸入車は割高だから、性能が少々見劣りしても安い国産自動車を買おう」という人も増え出すわけです。そうすることによって国産自動車の販売が増えていくということになります。つまり関税をかける保護貿易は、国内産業と外国産業を自由に競争させることを避け、国内産業を優位にさせる仕組みを作ってしまうことなのです。

表1－4　補助金の仕組み

	外国産輸入自動車	国産自動車
車体価格	100万円	100万円
補 助 金	0円	20万円
販売価格	100万円（不利）	80万円（有利）

また保護貿易というものは関税以外にもいくつかあります。例えば、ある製品の輸入の量を政府が制限する輸入制限も保護貿易の1つです。さらに、政府が国内産業に与える補助金も保護主義とみなされます。補助金は、国内産業に資金贈与や税控除することによる財政的な援助です。これにより、関税とは逆に、国内製品の価格が外国製品よりも下がることにより国内産業を保護するということです。上で述べた自動車の例によれば、もし政府が国産自動車に対して1台に月20万円の補助金をあげると、表1－4のようになることが可能です。

このような保護貿易によって、競争力の弱い自国の産業は保護されていくことになります。しかし、これは喜ばしいといえるでしょうか。外国産自動車会社にしてみれば「フェアではない」と不満を漏らすことになります。それだけでしょうか。国内経済にも影響は出てしまいます。例えば上記の自動車関税を例に取ってみると、国内の自動車購買者の中にも「20万円値上がりしても外国産自動車が欲しい」と思い、少々無理してでも120万円の外国産自動車を買ってしまう人もいると思います。例えばその人たちの中に、もともとは「100万円で自動車を買い、

20万円で海外旅行に行こう」と考えていた人がいたとしたら、その人たちは120万円の車を買うことで当初の予算がオーバーしてしまい、海外旅行に行けなくなってしまいます。これを「買い控え」といいます。これで国内の経済活動（ここでは海外旅行）の機会が1つ減ってしまうのです。そしてそのような人たちが増えれば、旅行会社の収益が落ちてしまうのです。旅行会社の収益が落ちてしまえば、旅行会社にお勤めの方の給与が上がっていきません（減ることもありえます）。すると例えば、その旅行会社勤務の方が当初買おうと思っていた電化製品などが買えなくなってしまいます。ここでまた「買い控え」が発生します。そのような方が増えれば今度は電化製品の会社の収益が減り、そこにお勤めの方の給与が減り、そしてまたその方の別の商品の「買い控え」が発生してしまいます。つまり1つの商品に対して関税をかけることによって、負の連鎖ができてしまうのです。それが自動車だけではなくいろいろな商品に関税をかければ、国内経済に大きな影響をもたらします。

つぎに、上記の例で恩恵を受けた国内自動車産業はどうでしょうか。たしかに最初は政府からいわゆる「下駄をはかせて」もらい、国内の自動車の販売が伸びると思います。しかし、それでは「どうして外国産輸入自動車は良い性能で安く作れ、国産自動車は性能に劣り高い製造経費がかかってしまうのか」について真剣に考えなくなってしまう恐れがあります。「このままでも自社製品が売れるのだから」とあぐらをかき、良い製品を安く売るという企業努力を怠ってしまうのです。それは、長期的にみればその国内産業によって良くないことは明白です。国民も「本来ならば100万円の価値もない国産車を100万円で買わされている」かもしれないのです。また「100万円の価値の外国産自動車を120万円という高値で買わされている」ことにもなります。

つぎに、関税をかけられた外国の企業はどうでしょうか。せっかく企業努力をして100万円の車を製造することができたのに、20万円の関税を払ったばかりに、当初と同じ利益を得るために120万円という高値で売ることになり、不当に自国の車が輸出国先では売れなくなります。そのせいで外国産自動車会社の収益が減り、今度はその国でも同じような「買い控え」の連鎖が始まります。つまり、関税をかけられた国でも経済効果が減退するのです。そして忘れてはならないのは、輸出国の政府が今度は相手国に、「報復」として別の商品に対して輸入関税をかけることにもなりかねません。つまり逆の立場で関税がかけられることになります。

このような2国間の関税の応酬合戦は、2国間にとどまりません。世界のいたるところで関税がかけられているのが現状です。つまり私たちは、一国の保護貿易は国内産業の衰退を招くだけではなく、他国の保護貿易を誘発し、その結果、国際経済の衰退を招くことになりかねないということを認識すべきです。しかし現実には、保護貿易というものが国際貿易からなくなってはいません。これは先ほども述べたように、短期的に考えれば、自国産業を保護したいという政府の思いやりもあるでしょうし、自国の特定産業がまだ生まれたての萌芽産業で、すなわち発展途上の時期であるために一時的な「てこ入れ」が必要な時もあります。さらに、急激な経済状況の悪化でどうしても国内産業を一時的に保護する必要があることも考えられます。そして何より、経済格差の激しく「弱肉強食」の世界であるかのようなこの世界経済の中で、完全な競争原理の中で経済活動を営むのは「自殺行為だ」と考える国家も、特に発展途上国の中にはあるでしょう。

この保護貿易とは反対に、政府が何ら介入することがなく、文字通り自由に何の規制もなく貿易が続けられる形態を自由貿易といいます。先ほど述べてきた保護貿易のマイナス点を考慮すれば当然、自由貿易が奨励されるべきです。先ほど述べたデビッド・リカードの比較優位論もこの自由貿易を強く奨励しています。よってこの自由貿易を採用して、かつ世界すべての国が貿易を通して繁栄していくことが理想とされています。しかし現実には、100%の保護貿易も100%の自由貿易も存在したことはありません。経済の豊かな国家が自分勝手に高関税を課すのは良くありませんし、生産性の低い国が無理をして完全な自由競争にさらされるのも気の毒です。そのバランスというものが大切なのでしょう。その中でわが国日本のような先進国は、少しずつでも自由経済・自由貿易の方向に進むことが要求されるべきでしょう。

3　自由貿易を推進する国際組織：GATTそしてWTO

前にも述べたように、19世紀のデビッド・リカードの比較優位論などのおかげで、自由貿易は国際経済社会において推進されていきました。しかし、1929年の世界恐慌により世界はまた保護主義に後退していきます。この世界恐慌によって採られた政策は具体的には「ブロック経済」といい、それは自国と友好国をブロックと呼び、そのブロック内においては特恵関税として安い関税で貿易を行うことです。そして、そのブロック外への貿易には高い関税をかけることによって、ブロック内の製品の需要を外に漏れないようにしたわけです。言い換えれば、ブロック内で安く商品を流通させれば、自国の商品も確実にブロック内で売れるようになるということです。このブロックは、大きく分けてイギリス中心のスターリングブロック（ポンド圏）、フランス中心のフランブロック（フラン圏）、アメリカ中心のドルブロック（ドル圏）、そして日本中心の円ブロック（円圏）の4つのブロック経済に分かれました。このような保護主義経済が結局、第2次世界大戦を招く原因にもなったという反省に基づき、戦後再び自由貿易を推進する動きがアメリカを中心に広がりました。その結果、1947年10月30日GATT（関税および貿易に関する一般協定）が創設メンバー23カ国で署名されました。

アメリカは、この関税引き下げ交渉において中心的な役割を果たしていきました。このことは、第2次大戦後のアメリカとソ連の東西冷戦が影響しているといえます。冷戦時代においてアメリカは西側資本主義国との結束を深め、さらに1960年以降に独立していった新興国をみずからの味方に引き入れるために、資本主義の優位性を証明しなければならなかったのです。自由経済と自由貿易は資本主義の象徴です。言い換えれば、資本主義の目的は、自由経済、つまり商品を世界に売り込むことです。この行為こそ貿易に他なりません。そして自国の経済の繁栄は、自国と貿易関係にある他国の繁栄につながり、巡り巡って世界経済が豊かになり世界平和につながるという考え方です。一方、ソ連を中心とする共産主義にとって、世界に売り込むものは、自由経済や商品ではなく、共産主義という考え方（イデオロギー）そのものであると考えます。つまり、世界中に共産主義の考えを持つ人々や国家が増えれば、世界は繁栄して世界平和につながると考えていたのです。そのためにアメリカはソ連の共産主義の普及を食い止め、資本主義が世界に広がるために、自由経済や自由貿易が世界に広がることを目指し、そのために第一歩を踏み出したGATTを最大限に活用することは重要であったのです。また、アメリカは強い経済力を持っていたために、自国のさらなる経済発展のためには海外市場を活性化させることが重要だったのです。そして、戦後復興したヨーロッパや、天然資源が豊富なアジア・アフリカ諸国をアメリカ陣営に取り込むことも重要でした。このように、GATTの繁栄はアメリカを中心とした政治的背景があることを忘れてはいけません(3)。

このGATTの大きな役割の1つに多角的貿易交渉があります。これは関税引き下げ交渉のことで、GATT締約国が一堂に集まり（ラウンド交渉）、締約国全体の関税を下げていくことを目的としています。

次の図1－1は、GATTの多角的貿易交渉の変遷を簡単にまとめたものです。1964年にアメリカのケネディー大統領の提唱で始められたケネディーラウンドでは締約国も74カ国に増え、それまでの鉱工業品貿易の関税交渉の他にも補助金規制がルール化されました。また、ある商品の輸出向け販売価格が、その商品の国内販売価格を下回る状態のことをダンピングというのですが、このダンピングの防止に関する話し合いもケネディーラウンドで行われました。そして約3万品目について平均約35％の関税が引き下げられました。1973年から始まった東京ラウンドでは、締約国が82カ国になり、関税以外での保護主義的な規制である非関税障壁（補助金、輸入割当、国家貿易、工業規格、行政指導等）が総合的にルール化されました。東京ラウンドでは、約2万7千品目を対象に平均約33％の関税引き下げが約束されました。そして1986年に始まったウルグアイラウンドでは、締約国が93カ国に

図１－１　GATTの自由貿易への取り組みの歴史

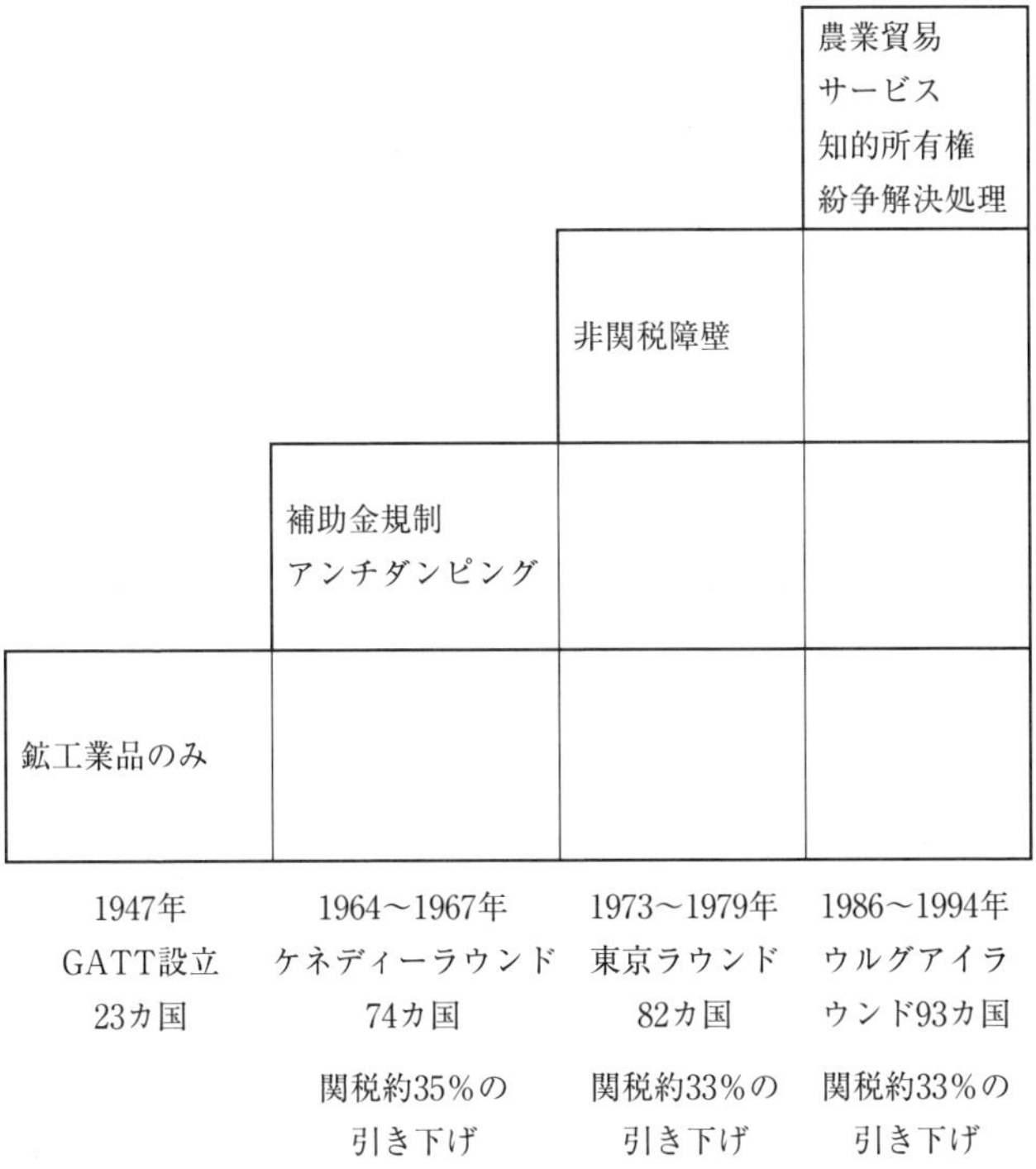

増加し、そこでは工業品の他に農業やサービス商品の自由化が話されました。サービスが自由に貿易されるというのは、例えば国際電話が自由競争になるとか、海外のアーチストがコンサートのために自由に国内にやってくるというようなことです。またウルグアイラウンドでは、商品の他にも知的所有権についてもルール化されました。その結果、いわゆる「海賊版」の商品に対しては厳しい

規制が適用され、自国の独創性やアイデアで作られた商品が正々堂々と適切な価格で貿易されやすくなったわけです。またウルグアイラウンドでは、特定の国家間の貿易がＧＡＴＴの規定において合法的に行われているか、いないかを巡って口論（紛争）になった場合の紛争処理についても話されるようになりました。このウルグアイラウンドでは約33％の関税引き下げに成功しました。さらに、ウルグアイラウンドによる先進国の工業品の平均関税率も下がりました。具体的には、アメリカがウルグアイラウンド前の５・４％からラウンド後には３・５％に、同様にＥＵも同５・７％から３・６％に、そしてわが国日本も３・８％から何と１・５％にまで下がっています(4)。

このように、ＧＡＴＴはラウンド交渉を重ねるにつれて、国際貿易がより自由貿易体制になるようなさまざまな協定や取り組みがなされていったのです。ＧＡＴＴがより進化するにつれ締約国も増加し、関税率も徐々に低下していきました。

そしてＵＦＪ研究所の久野新氏は、わが国日本がＧＡＴＴ加盟により享受した経済的利益は計り知れないと言っています。第２次大戦以前、日本製品は各国から輸入規制の対象となっていました。例えばアメリカは、日本には最恵国待遇（後に説明）を付与しませんでした。イギリスによるダンピング防止税賦課、オーストラリアによる輸出自主規制要請等の措置が日本にはとられていました。１９４７年のＧＡＴＴ設立時において、日本はいまだ連合国の占領下であり、外国と条約を締結する権利さえもなかったのです。よって、既締約国から賛成を得ることはきわめて困難であったといえます。このような硬直した事態を打破するために、当時の日本はGATTに仮加盟という新たな方式を提案しました。これにより日本は加盟国すべてに最恵国待遇を保証しましたが、日本とGATT関係に入りたくない国は、日本にこの待遇を付与する必要はないという不平等な条件が課せられていました。この時代、日本の関税交渉が実現した背景には、戦後一貫して日本のGATT加盟を推進してきたアメリカの存在がありました。それは、アメリカがアジア諸国の共産化を懸念していたという背景があります。日本は、1955年に正式にGATTに加盟を果たしました。

実際に日本がGATT加盟により享受した経済的利益は、まず第一に、GATT加盟により日本企業は低い関税で輸出を行うことが可能になり、実質的に市場が拡大しました。第二に、日本企業はこの厳しい国際競争にさらされた一方で、その競争により品質改善と価格低下を実現させました。第三に、国内企業も来たるべき自由化に備えて合理化をはじめとする経営努力を行い、結果的にこれは国内の企業の利益につながりました。第四に、GATT体制における紛争手続きから得られる利益です。第2次大戦以前に日本が大国から受けていた不平等な貿易措置を受けた場合には、日本はGATTやその後のWTOに申し立てることができるようになったわけです(5)。

4　WTO協定とWTO紛争解決処理

ＧＡＴＴウルグアイラウンドの交渉の成果として、１９９５年に世界貿易機関（ＷＴＯ）が設立されました。ＧＡＴＴは単なる（関税および貿易に関する一般）協定なのに対して、ＷＴＯは正式な国際機関ですので１つ格が上がった存在です。ＷＴＯの本部はスイスのジュネーブにおかれ、２０１４年現在、加盟国は１５９カ国で、他に24カ国が加盟申請中です。国際連合の加盟国数が１９３カ国ですので、それには見劣りするものの、世界のほとんどの国が加盟していることになります。

それでは、ＷＴＯの基本原則にはどのようなものがあるのでしょうか。ＷＴＯの基本原則は、大きく分けて３つあります。それは「自由」「無差別」そして「多角的通商体制」の３つです。「自由」とは文字通り自由貿易を意味し、関税をできるだけ低く抑えたり、輸入規制のような数量制限をなくすことです。「無差別」とは大きく分けて２つの待遇のことをいいます。１つは、**最恵国待遇**というものです。最恵国待遇とは「ある加盟国に与える最も有利な待遇を、その他すべての加盟国に対して与えなければならない」というルールです。例えば、ある製品の輸入関税を今まで10％にしていたところ、ある国からの関税を５％に減らしたら、WTOのすべての加盟国からの関税額も5％に下げなければならないということです。言い換えれば「えこひいき」は許されないということです。簡単に言えば、ある八百屋さんで一人のお客さんに大根を50円値引いたら、他のすべてのお客さんにも50円値引かなければならないということと同じです。WTO「無差別」原則に関するもう1つの原則は、**内国民待遇**といいます。内国民待遇とは「輸入品に対して適用される内国税や国内規制に対して、同種の国内産品に対して与える待遇より不利でない待遇を与えなければならない」という原則です。言い換えれば、外国からの輸入品と国産品が同じ種類の品物であれば、国産品を優遇してはいけないということです。「多角的通商体制」とは、多国間で貿易の自由化に向けて話し合う協議の場のことをいい、前に述べたGATTのケネディーラウンドやウルグアイラウンド、そしてWTO時代に入ってからのドーハラウンド（2001年〜153カ国）のようなラウンド交渉が代表的です。

またWTO内のさまざまな協定は、1995年に発効したマラケシュ協定で決められましたが、その多くはGATTの協定から引き継いでおり、具体的には**農業協定**、輸入品の衛生や植物の検疫措置を定めた**SPS協定**、**アンチダンピング協定**、輸入急増による一時的な国産品優遇措置を定めた**セーフガード協定**、**補助金協定**、サービスに関する一般協定（GATS）、知的所有権に関する**TRIPS協定**などが代表的です。

GATTの時代と比較して、WTOの時代になって特に力を入れたのが紛争処理能力です。先ほど述べたWTOのさまざまな協定に違反した貿易国が出てきた場合、その協定違反によって損失を被った国はWTOに提訴することができるのです。WTOはその紛争処理能力を強化することによって、WTOのすべての加盟国が平等に問題の正当性を問うことができる法的な枠組みを提供するようになりました。つまり、政治的に強く、国家規模の大きな国でも、WTO協定の違反を犯してしまえばWTOからお咎めを受けるようになるのです。ですから、小さな国にとってWTOは自由貿易のための「駆け込み寺」のようなものです。

それでは、WTOの紛争処理手続きはどのようになっているのでしょうか。まず図1－2を見てください。例えば、B国がA国に対して、関税の急激な引き上げのようなWTO協定に違反するような行動があったとしましょう。それを不服としたA国は、WTOの紛争解決機関であるDSB（Dispute Settlement Body）に申立てを行います。DSBは、まずはB国とA国をDSBの前で協議をさせその様子を監督します。その結果、A国とB国が和解をすればその時点で一件落着となります。しかしこの時点で和解が生じなければ、WTOのパネルという機関で審議をして、その結果はパネル報告となり公表されます。そして例えばB国に非があると判断すれば、DSBはB国に措置の撤廃・是正を勧告します。そこでB国がそれに従えば、この時点で解決します。しかしB国がこれを不服とするとなると、DSBのさらに上の審議

図１－２　WTO の紛争解決の仕組み

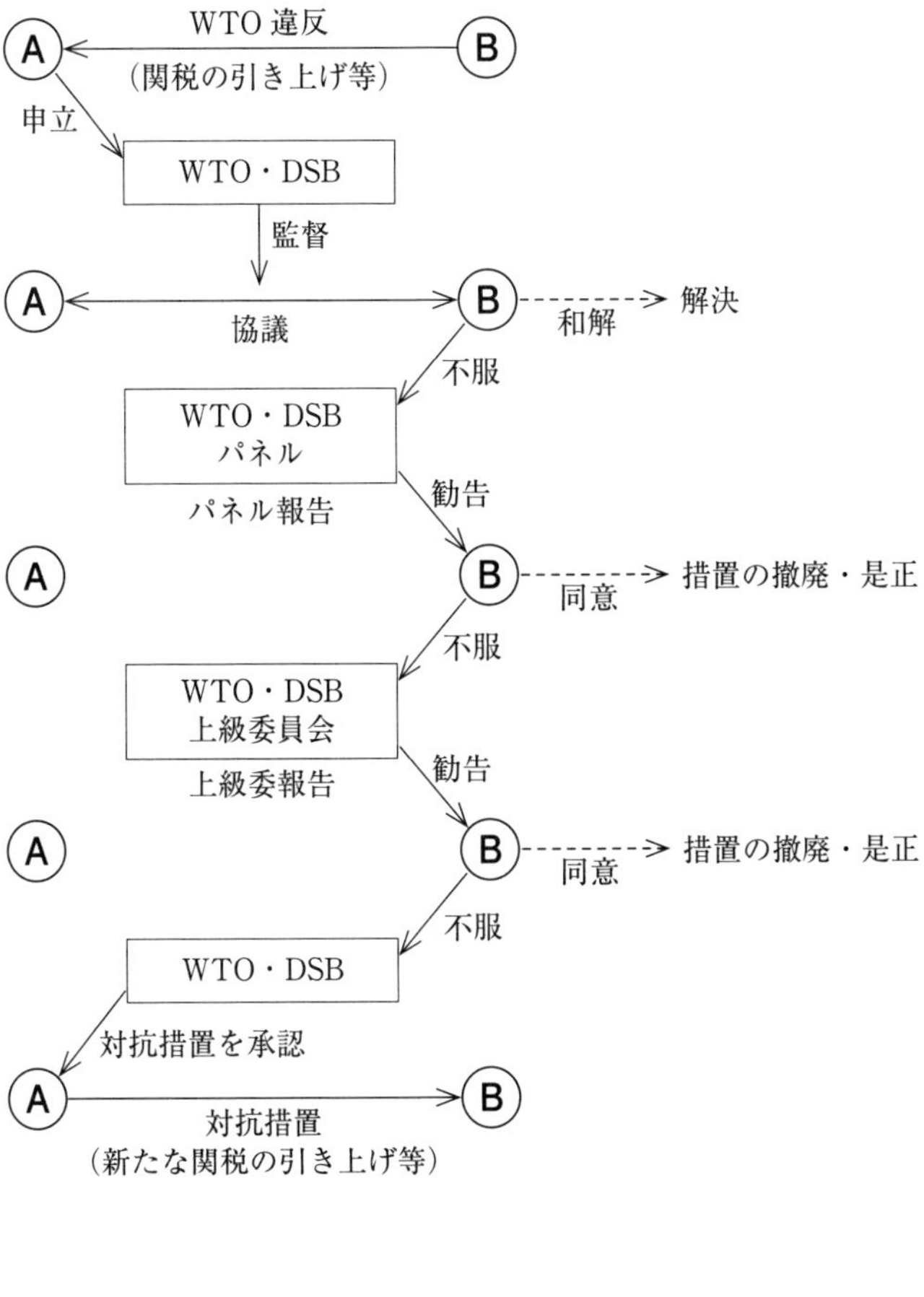

表１－５　GATT体制からWTO体制への移行による紛争事件数の増加

	GATT体制（1948－94）	WTO体制（1995－2005.5）
紛争事件数	314件	330件
年平均数	6.7件	30.0件

出所：外務省ホームページ（外交政策・経済・WTOサイト：2005年）。

機関である上級委員会の方で審議されます。そこでまたＢ国に非があると判断され、上級委報告によってＢ国に措置の撤廃や是正を勧告したとしましょう。ここでＢ国がそれに応じればここで解決です。しかしまたＢ国が不服としたらどうなるでしょう。上級委員会は裁判所でいう最高裁判所のようなもので、その上の審議機関はありません。その際には、ＤＳＢがＢ国に何か罰を与えるということはしません。このような際には、ＤＳＢはＡ国に、Ｂ国に対して対抗措置をとることを認めることができます。つまり、Ｂ国がＡ国に対してＷＴＯ協定違反を犯したままある製品（例えば車）の高い輸入関税を要求していれば、今度はＡ国がＢ国に別の製品（例えばオートバイ）に対して高い輸入関税を要求するという対抗措置をとることをＷＴＯは認めるということになります。

このように、ＷＴＯ体制に入ってから紛争解決手続きが明確になったために、紛争手続きに持ち込まれる件数は次の表１－５のように格段に増加しました。

コラム① WTO最恵国待遇の紛争事例：EC－バナナ事件（1996－2000年）

EC（ヨーロッパ共同体）は、1963年から旧植民地であったACP諸国（アフリカ、カリブ、太平洋諸国）からの輸入バナナに対し無関税等の優遇を施し、それ以外の国からのバナナの輸入には輸入割当（輸入制限）を実施してきました。簡単に言えば、ECは歴史的に自国と深いつながりのある旧植民地に対して「えこひいき」をしていたのでした。しかし、これに異議を唱えたのがアメリカでした。ACP諸国でない南米のエクアドル等に、アメリカを本拠とする多国籍企業のドールなどが進出していたからです。つまりアメリカは、ドールの利益を損ねるECの政策に対して、エクアドル等とともに、1996年WTOのDSBに申し立てをしたのでした。これはGATT・WTOの最恵国待遇に違反すると訴えたのです。1997年、WTOパネル・上級委員会に、ECをGATT・WTOの輸入許可手続きに関する協定（最恵国待遇を含む）に違反すると判断して、措置の是正を求めました。これに対してECは、1998年春にバナナ輸入の新施策を発表しましたが、アメリカと他の申し立て国はそれでは不十分であると納得をしませんでした。そしてWTOのパネルも、そのECの新施策がWTO協定に整合しないとしました。そしてしびれをきらしたアメリカは、ECに対して対抗措置（EC製品に対する1億9100万ドル相当の関税賦課）を決定するに至りました。そして2001年、ようやくECとアメリカとの妥協が成立し、ECはバナナの輸入に関してエクアドル等の南米諸国をこれまでよりも優遇する政策を発表したために、アメリカも制裁措置を撤廃しました。

コラム②

WTO内国民待遇の紛争事例：日本－アルコール飲料事件（1996年）

日本では、自国の酒税法で、焼酎、ウォッカ、ウィスキー、ラム、ジンといった蒸留酒を品質や価格水準等を基準にして5つの種類（焼酎甲類、焼酎乙類、ウィスキー類、スピリッツ、リキュール類）に分け、分類ごとにそれぞれ異なる税率をかけていました。その結果、アルコール1％当たりの税額で換算すると、海外からの輸入産が多いウィスキーやスピリッツの税額が、国産品が多い焼酎甲類や焼酎乙類の税額より数倍も高いことになりました。その結果、ウィスキー等を日本に輸出するEC、アメリカ、カナダが、日本の酒税法がGATT・WTOの内国民待遇に違反するとWTOに提訴しました。内国民待遇の原則とは「輸入品に対して適用される内国税や国内規制について、同種の国内産品に対して与える待遇より不利でない待遇を与えなければならない」というものです。ここで問題の焦点になったのは、上記にあげた5種類の蒸留酒が「同種の産品」かということです。提訴された日本側は、例えば焼酎とウォッカは「同種産品」ではないと主張しました。これらのお酒が「同種」ではなければ、内国民待遇の原則にあてはまらないからです。それに対して申し立て側のEC、アメリカ、カナダは、焼酎も、ウォッカも、ウィスキーもラムもみな「同じお酒である」と主張しました。つまり「同種」であるので、それらの商品の間で、輸入品の多いウィスキーやウォッカに日本が高い税をかけているのは、焼酎が多い国産品に対して優利な待遇をしているからだと主張しました。日本は、「同種」ではない以上、ウィスキーの税率が高いのは国内産焼酎の保護を目的としているわけではない、と主張しています。そもそも5種類の蒸留酒はすべて味や色も違うので、高税率だから飲まない、低税率だから飲むということはないのではないかと日本は主張しました。しかし日本の懸命な主張にもかかわらず、WTOの上級委員会は、これらの蒸留酒を「同種の産品」と判断し、そして輸入品の蒸留酒の課税額が焼酎に対するそれと比べ差異が大きいと認め、結論として日本のGATT・WTOの内国民待遇違反を認定し、日本に輸入蒸留酒の課税低減を要求しました。この結果、日本はこの要求を受け入れ、外国産蒸留酒の国内販売価格が下がりました。昔は外国産ウィスキーは高価で、海外旅行に行ってきた人たちが免税店でよくお土産として買ってきたものです。しかし現在、日本のスーパーで外国産のお酒を見ても以前よりも安価になってきたと実感します。これは、このＷＴＯの貿易紛争で日本が負けてしまった「副産物」ともいえるでしょう。

コラム③　ＷＴＯ補助金協定の紛争事例：アメリカ－綿花補助金事件（2005年）

政府の補助金と言うと、私たちの多くはあまりマイナスのイメージを持たないと思います。「補助する」ということは「良いこと」という意味につながるからです。例えば日本でも、環境に優しい車を購入する人には「エコカー補助金」が政府からもらえ、結果的にエコカーに割引を受けて購入ができたのです。しかし自由貿易を推進するＷＴＯにとって、「補助金」というものは必ずしも「良いこと」にはつながらないのです。それは、必ずしも補助金を与えるほど国際競争力が劣っていない産業や製品に対して国内政府が補助金をあげてしまうと、その国内産業がその補助金の恩恵を受けて、さらに国際社会で不必要にその産業が有利になりすぎてしまうからです。これは、競争力の弱い同種の途上国産業にすれば不公平でもあるのです。このＷＴＯの補助金を巡る紛争のケースで一番顕著なものとして、アメリカの綿花に対する補助金のケースをあげることができます。アメリカは、農産物の自由化に対して先導的な立場にあるのにもかかわらず、綿花や砂糖などの国内農家に対して多額な補助金を与え続けています。その補助金の結果、アメリカ産農産物の価格が国際市場でさらに低下するために、途上国農家は窮地に追い込まれました。その結果ブラジルが、途上国を代表する形でアメリカをＷＴＯに提訴しました。この件においてＷＴＯの審議は、パネルから上級委員会の方に移行していきました。上級委員会の結論は、アメリカ産綿花とブラジル産綿花は同じ世界市場で競争しているということを認定しました。そして、世界の綿花市場におけるアメリカの多大な影響力によって、アメリカの綿花農家に与える補助金が世界市場の綿花価格の低下に直接影響を与えているとして、アメリカの補助金がＷＴＯ協定違反であると決定しました。ちなみにＷＴＯが常に許容する補助金は、企業の研究開発補助金や企業の委託を受ける教育研究の補助金、地域開発政策として僻地などに支給される補助金、環境規制によるコスト上昇に順応させるために支給する補助金などで、これらは「緑補助金」と呼ばれています。

5 WTOのさまざまな問題：頓挫するWTOドーハラウンド交渉

このように、WTOは「自由貿易の使者」として鳴り物入りで登場しました。しかし、WTOは現在まで順風満帆で来たわけではありません。例えば、WTOの紛争解決制度に関して言えば、確かにこの制度によって国力の比較的弱い国々が大国に対してWTOに中立をして成果も見えています。コスタリカやペルーのような中南米の中小国がアメリカやECを相手に戦い、勝訴したケースもあります。しかし、WTOに詳しい横浜国立大学の荒木一郎教授によると、今やWTOの紛争解決制度に対して手放しの肯定的評価が聞かれることはほとんどないそうです。荒木教授によると、現在のWTO制度は、「左からも右からも北からも南からも」攻撃を受けているといいます。左からの攻撃とは、主に環境問題についてパネル・上級委員会の判断に批判的な市民社会のグループからの批判です。つまり自由貿易を重要視するあまり、森林伐採や大気汚染のような環境破壊を見逃していると批判されているのです。右からの攻撃とは、伝統的な保護主義勢力からのもので、WTOのパネルや上級委員会がアメリカのアンチダンピングやセーフガードの規定を次々にWTO協定違反と結論を下していることへの批判です。言い換えれば、アメリカの産業がWTOの自由貿易の基準は厳しすぎると不満を漏らしているということです。北からの攻撃とは、このようなアメリカの保守的な産業に同情せざるを得ない北（アメリカのような先進資本主義国）の国々からの批判です。そして南（開発途上国）からの攻撃とは、ＷＴＯのパネルや上級委員会が、ＮＧＯのような市民社会からの意見（アミカス意見書）を受け入れすぎるというものです。例えば、先ほど述べた環境問題を扱うＮＧＯによる過度な環境保護のために、途上国の貿易が自由にできない状況にあるとして、南の国々がＷＴＯを攻撃しているのです(6)。

ＷＴＯの一番の問題は、２００１年11月から始まった、ＷＴＯ発足後初めての多角的貿易交渉であるドーハラウンドで浮き彫りにされました。前にも述べましたが、国際貿易体制の下では、ＧＡＴＴの時代よりケネディーラウンドやウルグアイラウンドのような多角的貿易交渉が8回も行われていましたが、合意の見込みのない懸案も多々あり、そのような懸案がこのドーハラウンドで扱われることになりました。しかし一般的には、このような貿易交渉では、交渉が回を重ねるにつれ、合意のハードルは高くなっていきます。

また、ＷＴＯの加盟国構成をみると、発展途上国の加盟国割合が年々上昇していることを見逃してはいけません。現在、ＷＴＯ全加盟国の約80％が途上国です（表１－６を参照）。ＧＡＴＴの時代では、アメリカとＥＵが中心になって自由貿易の枠組みが進められてきました。つまり、アメリカとＥＵを中心とする先進国が合意すれば、それが全体の合意となるよ

表１－６　WTOに加盟する途上国数の推移

	WTO 全加盟国数	途上国加盟国数	途上国割合（%）
1950 年	36	17	47.2
1970 年	82	55	67.1
1990 年	126	96	76.2
2008 年	153	123	80.4

出所：外務省ホームページ　WTO ドーハ・ラウンド交渉―自由貿易体制のインフラ強化，2008 年 8 月 13 日。

うな時代だったのです。しかしＷＴＯの時代になると、それまで途上国と言われていた国の中には目覚ましい経済発展を遂げた新興諸国の台頭を見逃すことができません。ＢＲＩＣＳ（ブラジル Brazil、ロシア Russia、インド India、中国 China、南アフリカ South Africa）と呼ばれる国家がその代表です（ただしロシアはＷＴＯ未加盟）。よってドーハラウンドでは、そのような発展途上国の開発を第一に考え、この新ラウンドを「ドーハ開発アジェンダ（Doha Development Agenda: DDA）」と命名したのです。具体的には、関税引き下げのような市場アクセスの増加のみならず、途上国への技術援助や能力開発をも目標に掲げました。

２００３年８月に、アメリカとＥＵが共同の提案（ペーパー）を公表しました。これは、今まで何％の関税であったものはさらに何％下げようとか、特定の品目に対する補助金は撤廃し、その他の品目は何％か削減しようという具体的な提案でした。しかし同年９月に始まったカンクン閣僚会議では、ブラジルやインドを中心とした主要途上国から批判的な意見が出され、さらに約20カ国の途上国（G20）とともに新たな提案が出されました。つまり、このような途上国はアメリカや先進国にさらなる補助金の削減と市場アクセスの改善を求めたのです。しかしアメリカやEUは、途上国に歩み寄った政策を提言しても、「自国の政策」は温存したかったのです。その結果カンクン閣僚会議は決裂し、その後約10カ月間、このドーハラウンドの多角的交渉は停滞してしまいました。この先進国の「自国の政策」として、アメリカの綿花産業に対するアメリカ政府の補助金制度があります。カンクン閣僚会議では綿花問題が大きな争点となりました。

キヤノングローバル戦略研究所の京極智子氏によると、綿花生産が主要産業であり、その輸出により重要な外貨獲得手段としている西アフリカのベナン、ブルキナ・ファソ、チャド、マリの4カ国が、アメリカの綿花産業に対する国内補助金制度に異を唱えました。その4カ国は、アメリカなどの先進資本主義国が莫大な国内補助金を綿花産業に与えているために、それらの金持ちの資本主義国の綿花が安価で流通することになり、その結果、国際綿花価格が下落し続けていると主張したのです。これは、国家の国内総生産（GDP）の1割を綿花生産に依存しなければならないこれらの西アフリカ諸国にとって容認できることではなく、WTOの「自由」や「無差別」の原則に反すると抗議しました。これらの途上国は、潤沢でない国家財政を考えても国内の綿花産業に補助金を与えるなど不可能です。しかし現実には、模範を見せるべく自由貿易を推進しなければならない世界一の経済大国アメリカが、自国の綿花産業に補助金を出しているのは納得がいかないのも理解できます。そしてその4カ国は、共同提案として「綿花生産および輸出に関する補助の全廃に向けて段階的に削減措置を設定すること」と「その期間中は、綿花を生産する後発発展途上国に対して財政的補償を与えること」の2点をカンクン閣僚会議で要請しました。しかし、世界最大の綿花輸出国であるアメリカがこれに強く反対し、この問題を決着させることはできませんでした(7)。2001年ノーベル経済学賞を受賞したアメリカ・コロンビア大学のジョゼフ・スティグリッツ教授もこのアメリカの綿花産業に関する保護主義政策を厳しく非難し、次のように指摘しています。

ドーハラウンドが空中分解したのは、米国が国内の農業補助金の廃止をかたくなに拒否したためだった。米国が2万5千戸にも満たない裕福な綿花生産者に補助金を支給していることについて、WTOはすでに違法との判断を下していた。これに対して米国は、この件を提訴したブラジルに資金援助を約束し、問題をそれ以上に追及しないよう抑えたのだ。その結果、米国の裕福な農家は保護を受け、綿花の価格は抑えられ、安価に苦しむサハラ以南のアフリカやインドの無数の貧しい綿農家は見捨てられた。(8)

さらにドーハラウンドは、2006年7月に文字通りに「交渉凍結」となってしまいました。この「交渉凍結」となった背景には、「争点の三角形」と呼ばれた3つの問題がありました。その3つの問題とは、①農産物の市場アクセス（関税引き下げ）、②農業の国内支持（国内補助金）、③非農産物の市場アクセス（NAMA: Non-Agricultural Market Access）です。この3点で交渉が凍結してしまったのは、この問題に深く関与する主要6カ国（G6：オーストラリア、ブラジル、EU、インド、日本、アメリカ）の意見の一致がなされなかったからです。具体的に言えば、①農産物の市場アクセスでは、農産物の関税の引き下げを「現実的な」一定限度に抑え、かつ重要産品（日本で言えばコメなど）の関税引き下げを例外品目として据え置きたいEUそして日本と、さらなる自由化を求めているブラジルやアメリカとが対立しました。②農業の国内支持では、高いレベルでの農産物補助金の削減には、市場アクセスの成果がまず必要であると消極的なアメリカに対し、補助金削減により公正な価格で農産物が市場に出荷されるべきであると他国が主張しています。③非農産物の市場アクセスに関しては、ブラジルやインドのような先進途上国が鉱工業品の関税の引き下げ幅のさらなる拡大を主張していますが、先進国が難色を示していました。この争点の三角形を図に直すと次頁のようになります（図1－3参照）。

以上の問題の中でも特に深刻であったのは、アメリカ・EU間の農産物の市場アクセスと

図１－３　WTOドーハラウンドでの三角の対立構造

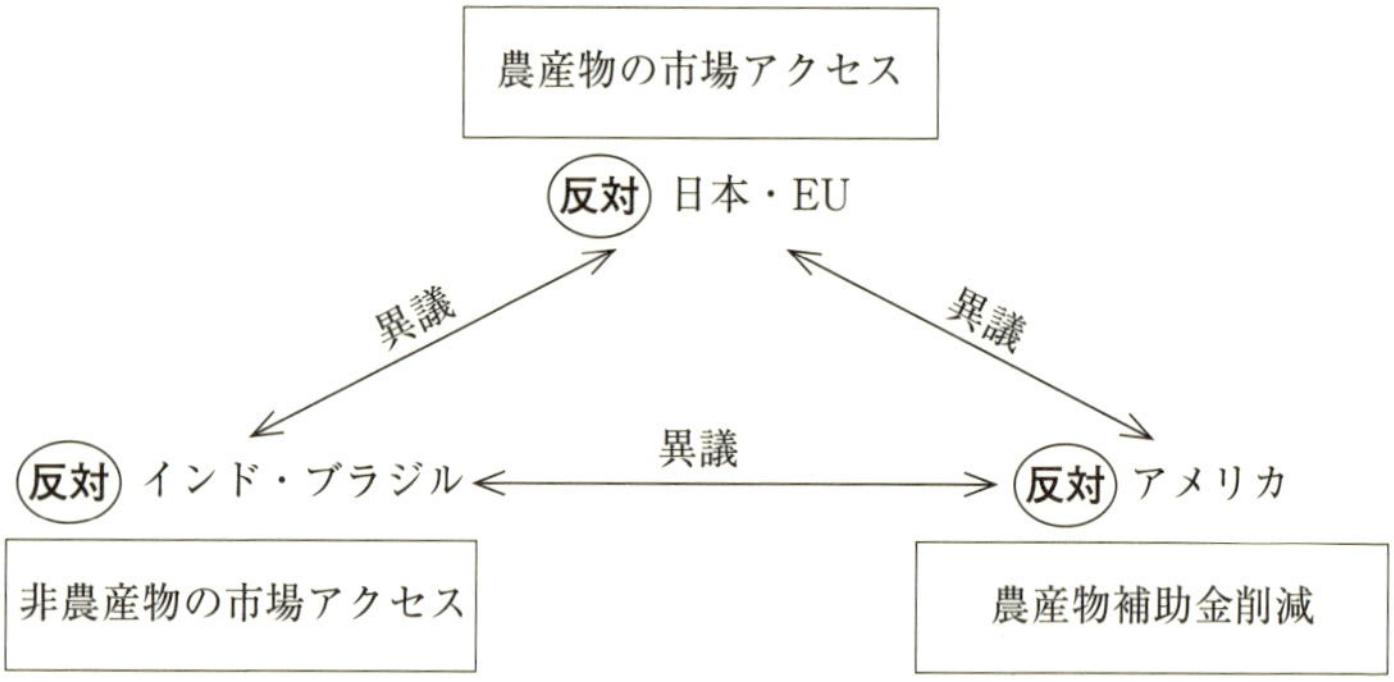

農業の補助金削減で歩み寄りがみられなかったと言われています(９)。言い換えれば、２００６年ＷＴＯドーハラウンドの交渉の凍結は、アメリカ・ＥＵの２大国の国益に基づいた政治判断によってなされ、その結果ＷＴＯ全加盟国が敗者になってしまったといっても過言ではありません。

ＷＴＯのドーハラウンドが最初の合意にこぎつけたのは、２００６年のラウンド凍結からなんと７年後の２０１３年12月の第９回バリ閣僚会議でした。１９９５年のＷＴＯ発足後、初めて貿易体制の基礎づくりが前進したことになります。合意した内容は、貿易の円滑化、農業を含む３分野でした。貿易の円滑化とは、通関などの手続きや費用を透明化するというものです。これは例えば、途上国に対して輸出を行う時に、税関での手続きで賄賂を要求されたり、日によって異なる書類を要求されたりするようなトラブルをなくしていこうとするルール作りです。また農業に関しては、インドが国内食糧援助や備蓄のために低所得農家から食料を買い占める場合の政府が負担すべき補助金を要求していた問題で、閣僚会議では補助金に関して原則4年間は容認し、その間に存続させるかどうかを協議することで合意しました(10)。このように、バリ閣僚会議でWTOの自由貿易への取り組みとして初めて合意事項が決定されましたが、この合意事項は比較的合意しやすい項目ばかりであり、ドーハラウンドの長年の懸案である、先進国を中心とした農業補助金や農産物の関税引き下げの問題は一向に解決していないのが現状です。

このように、自由貿易を目指してGATTやWTOという国際的な協定や国際組織が台頭し、当初は国際貿易の完全な自由貿易に向かい、発展途上国も先進国も一致団結して歩み寄ることが期待されました。しかしながら、発展途上国のみならず先進国も高関税や政府補助金といったような「保護貿易」や「保護主義」という甘い誘惑から避けられないのが現状です。WTOの基本原則である「自由」「無差別」は、WTO全加盟国共通に適用されるべき原則であるはずです。さらに具体的に言えば、WTO体制で私たちが最大に享受できる利益というものは、WTOの大原則である「最恵国待遇」の原則に基づいて関税引下げ等の交渉の成果がWTO全加盟国に等しく行き渡ることであるはずです。その利益というものが、まだ私たち加盟国には十分に実感できていないのが現状です。

6 台頭する地域貿易の枠組み：地域経済統合やＦＴＡへの動き

以上述べたように、国際貿易体制での自由貿易への取り組みは大きな成果を上げていません。このような状況の中で、国際社会はどのような方向に向かっているのでしょうか。それは疑いもなく「国際」から「地域」です。ＧＡＴＴやＷＴＯでの自由貿易交渉では、１５０以上の加盟国が自国の利益を考え、それに固執した結果、まとまるものもまとまらなくなってしまったとＷＴＯ加盟国は考えました。一方で加盟国の多くは、それでも自由経済や自由貿易の望みを捨てきることはできません。それならとりあえず、自分の周りの仲間にあたる国家とのみ自由貿易を推進すべく交渉に入り、その仲間の国との間で自由貿易の協定を作ってしまおうという発想が生まれたのです。ＷＴＯ加盟国の中には、アメリカや日本のような経済大国もあれば、アジア・アフリカ諸国に見られるような貧困国も存在します。民主国家もあれば、一部の特権階級が支配する半ば独裁的な国家も参加しています。人種や宗教や文化もまちまちで、経済や貿易のみならず、基本的な生活の価値観までさまざまなのです。そのような多様化された国家の集まりの中で、ＷＴＯにおいて共通のルールを決めていくことに加盟国は限界を感じたのです。それよりも自国と同じ価値観を持つ国で、経済規模が同じくらいで、かつ、もともと深い交流を持っている国とまずは貿易の協定を結ぼうと考えることは理解できることです。

このような発想は、WTOが設立された比較的近年に出されたアイデアではありません。この本の中で何度も登場したEU（ヨーロッパ連合）がその代表的な考え方です。第2次大戦後、西ヨーロッパ諸国は荒廃し、経済的な復興を目指しました。そこで石炭と鉄鋼の共同管理および関税の撤廃を目指し、1952年にヨーロッパ石炭鉄鋼共同体（ECSC）が設立されました。このECSCにはフランス、西ドイツ、イタリア、オランダ、ベルギー、ルクセンブルグの6カ国が参加しました。1958年には、石炭・鉄鋼以外の域内貿易自由化の推進と、対外的にも共通関税を適用する関税同盟であるヨーロッパ経済共同体（EEC）、さらに新しいエネルギーである原子力を管理するヨーロッパ原子力共同体（EURATOM）が設立されました。そして1967年にはこの3組織が統合され、ヨーロッパ共同体（EC）が発足しました。このヨーロッパの経済的な統合の目的は、自由貿易のみにはとどまらず、経済統合することによりこのヨーロッパを二度と戦争の渦に巻きこまないこともありました。お互い関税をなくそうと努力し合っている仲間の国に、わざわざ戦争を起こすことなどあり得ないわけです。当初は6カ国で始まったECは、1973年にはイギリス、アイルランド、デンマークが、1981年にはギリシャが、そして1986年にはスペイン、ポルト

ヨーロッパ連合（EU）のシンボルマーク

ガルが加盟し、ＥＣは次第に拡大していきました。１９９０年代になるとヨーロッパは、貿易や経済の分野のみならず、政治、軍事、金融の分野を含む包括的な地域統合を目指し、１９９１年にはＥＵ（ヨーロッパ連合）が発足しました。２００３年以降は東ヨーロッパ諸国もＥＵに加盟し、現在ＥＵは27カ国、人口約５億人の大経済圏に成長しました。２０１１年にはギリシャを発端としたＥＵ危機が起こりましたが、ＥＵは分裂することなく、貿易をはじめとする経済の統合をさらに進めています。

そしてこのヨーロッパで起きたＥＵのような地域における経済統合は、その後、世界中で広がりました。代表的なものは表１－７のようなものがあります。

このように、世界の多くの地域で地域経済統合が実現されています。専門的な立場から言えば、この地域による経済統合にはメリットとデメリットが両方考えられます。メリットは、地域の経済統合により、地域内の市場が拡大します。すなわち、この地域内での関税は低く抑えられるか、あるいは完全に撤廃されるので、その域外の高い関税を課す国よりは、域内の国に自国の商品を輸出した方が利益が上がるからです。このように域内の市場が拡大

表1－7　世界の地域経済統合組織

地域	地域経済統合組織の名称	設立年
ヨーロッパ	EU（ヨーロッパ連合）	1991年
	EFTA（ヨーロッパ自由貿易連合）	1960年
アジア	ASEAN（東南アジア諸国連合）	1967年
	SAFTA（南アジア貿易地域）	2004年
	GCC（湾岸協力会議）	1981年
アフリカ	SACU（南部アフリカ関税同盟）	1910年
	COMESA（東・南アフリカ市場共同体）	1982年
	UEMOA（西アフリカ経済通貨同盟）	1994年
	EAC（東アフリカ共同体）	1984年
	ECOWAS（西アフリカ諸国経済共同体）	1975年
	SADC（南部アフリカ開発共同体）	1980年
アメリカ大陸	NAFTA（北米自由貿易協定）	1992年
	CACM（中米共同体）	1960年
	CAN（アンデス共同体）	1969年
	CARICOM（カリブ共同体）	1973年
	MERCOSUR（南米南部共同市場：メルコスール）	1995年

出所：嶋正和『FTAとTPP』日刊工業新聞社，2012年，筆者加筆修正。

する（市場拡大効果）ことにより、域内ではさらに良い商品が作れるような生産性が増し（貿易創出効果）、国際競争力が高まっていきます（競争促進効果）。逆にデメリットとしては、今まで輸入していたある国の商品が特に優れていたがその国が地域統合外の国だった場合、統合後は生産性の優れていない地域内の国の商品に輸入転換せざるをえません（貿易転換効果）。そのことにより域外からの輸入が減少すれば、域外への輸出価格も低下し、その結果、域外の交易条件が悪化します（交易条件効果）。また、地域統合することにより、地域外の国家の企業が自国に工場を移転するような直接投資の機会が減少していきます（投資転換効果）(11)。

この地域内の経済統合の中でも、特に貿易に焦点を当てて、物品の関税やサービス、貿易の障害壁を削減・撤廃することを目的とする協定を「自由貿易協定（ＦＴＡ）」といいます。ＦＴＡは、多くの国が集まらなくとも2国間でも協定が結べます。またその2カ国は、同じ地域でなくてもＦＴＡは成立します。例えば、日本とＥＵでもＦＴＡは成立するのです。日本も、２００２年11月にシンガポールとＦＴＡを締結したのを皮切りに、その後メキシコ（２００５年4月）、マレーシア（２００６年7月）、タイ（２００７年11月）、インドネシア（２００８年7月）と順調にＦＴＡの2国間協定を締結し、２０１２年3月にペルーと締結するまで世界13カ国の国と地域とＦＴＡの協定を結びました。

それでは、このＦＴＡとＷＴＯの整合性はどうなっているのでしょうか。言い換えれば、ＦＴＡとＷＴＯの2つの役割は同時に進行できるのでしょうか。ＷＴＯの原則の中には「平等」というものがあり、その中の最恵国待遇原則では「ある加盟国に与える最も有利な待遇を、その他全ての加盟国に対して与えなければならない」としています。ここでの「全ての加盟国」とは「全てのＷＴＯ加盟国」なのです。しかしＦＴＡの場合、そのＦＴＡに締結した加盟国内では関税率が低く、その他の国に対してはＷＴＯの加盟国であろうが関税率は高くなるのです。つまりＦＴＡの域外差別は、ＷＴＯの最恵国待遇の原則に反してしまいます。しかし実際には、ＷＴＯの第24条規定では、ＦＴＡを例外的に以下の条件のもとで認めています。それは、①ＦＴＡ外や域外に対する関税その他の貿易障壁が、ＦＴＡ締結以前の水準より高くなってはならない。②ＦＴＡ内や域内における関税その他の貿易障壁の撤廃は、すべての分野の貿易に対して行わなければならない。③撤廃実施にあたって移行期間を設ける場合は、妥当な期間内に完了するよう、あらかじめ実施計画を定めなければならない(12)、です。このような条件はとても厳しいものであるとはいえず、よって地域統合やＦＴＡがポピュラーなものになりました。当然ながら、ＷＴＯ内の１５０以上の国々で物事を決めるよりも、ＦＴＡの方が関わる国がはるかに少ない分、物事を決めるスピードもはるかに速く、ＦＴＡの国々に特化した新しいルールを作ることも可能であり、ＦＴＡはますます注目されていきました。

7　FTAでも自由主義と保護主義のジレンマは残る：TPPの攻防から

このように地域経済統合やFTAが注目される中、日本は新たな地域経済の枠組みの中に加わるかどうかという決断が迫っています。それは環太平洋戦略的経済連携協定、別名TPP（Trans-Pacific Partnership）への加盟問題です。TPPは、太平洋周辺の地域の国々が参加し自由貿易圏を作る構想です。別名「自由貿易の優等生」とも言われています。2006年に発効し、最初の加盟国はシンガポール、ブルネイ、チリ、ニュージーランドの4カ国です（この4カ国をP4と呼びます）。その後、参加表明した国は、オーストラリア、ペルー、アメリカ、マレーシア、ベトナムの5カ国です（ここまでの9カ国をP9と呼びます）。さらにTPP交渉に参加すると表明したのは、カナダ、メキシコ、そしてわが国日本です。このTPPによってまず関税が撤廃され、サービスや人もTPP加盟国内では国境を越えて自由に行き来できることになります。簡単に言うと、TPPによって例えば、オーストラリア産のビーフを使っているマクドナルドのハンバーガーも安くなるかもしれないですし、国際電話や海外アーチストのコンサートも割安になるかもしれませんし、海外から看護師等の専門職の人が日本で自由に働くことができるようになるかもしれません。そしてこのＴＰＰの経済規模は、Ｐ９レベルで、人口が５・１億人、ＧＤＰは17・３兆ドルです。Ｐ４の時に比べれば、人口で約18倍、経済規模（ＧＤＰ）で24倍になります。つまり、Ｇ９でＥＵ並みの経済圏になるわけです。この中でアメリカの比率は、人口で64％、ＧＤＰで85％です。つまり日本がＴＰＰに加盟すれば、さらにＴＰＰの経済規模は拡大されます。そして日本がＴＰＰに入るのは、アメリカと２カ国間ＦＴＡを行うのに等しいと言いきる人たちもいます。つまり、日本がアメリカとＦＴＡ関係を結ぶのであれば、ＴＰＰに加盟しろということです(13)。

このＴＰＰ参加に賛成か反対かについては日本の世論でも分かれていますが、『世界一わかりやすいＴＰＰの授業』（中経出版、２０１２年）の著者である小泉祐一郎氏は、反対派と賛成派の人たちをわかりやすく説明しています。まずＴＰＰ反対派の人たちは３つのタイプに分かれ、それらは①農業関係者、②アメリカ陰謀論者、③真の自由貿易論者です。まず①農業関係者は、国内農家や全農（ＪＡ）の人たちで、ＴＰＰにより農産物が自由化になり、関税なしで安い海外農産物が国内に入ってきたら、国内の農産物は勝ち目がないと考えている人たちです。②アメリカ陰謀論者は、アメリカはＴＰＰを利用して日本の市場を無理やり開放しようとしているにすぎない、すなわち、ＴＰＰはアメリカの国益を主に考えている協定だと考えている人たちです。③真の自由貿易論者は、ＴＰＰがブロック経済の一種で、真の自由貿易とはＧＡＴＴ・ＷＴＯの流れをくむ国際規模の自由貿易であり、ＴＰＰは地域の保護貿易にあたると考えている人たちです。一方、ＴＰＰ賛成派の人たちも３つのタイプに分かれます。それは①農業構造改革者、②日米同盟重視論者、③自由貿易論者です。まず①農業構造改革者は、今までの日本の農業は高率の国内関税で守られてきたので、このＴＰＰという外圧を機会に農業構造を改善して、競争力のある日本の農業に変身を遂げようと考えている人たちです。②日米同盟重視論者は、日米の同盟関係はとても重要であり、このＴＰＰ加盟に反対することによって日米の外交関係が悪化することは日本の国益に反すると考える人たちです。③自由貿易論者は、ここでは反対派の「真の」が前に付きませんが、あえて言えば「穏やかな」自由貿易論ともいえます。彼らは、ＴＰＰでは加盟国内は立派な自由貿易を果たしており、日本はＦＴＡ締結数においては、ライバルの韓国等に後れを取っているので、ＴＰＰに加盟して自由貿易圏を増やすべきだと考える人たちです(14)。

また日本政府の見解も、省庁内でさまざまになっています。例えば、ＴＰＰに賛成である経済産業省の予測によると、ＴＰＰに日本が参加しないとアメリカやＥＵと独自にＦＴＡを締結した韓国が躍進し、日本は２０２０年までにＧＤＰが10・５兆円減少し、81万２千人の国内雇用が失われるとしています。よって経済産業省は、日本はＴＰＰに加盟すべきだと言っています。一方、ＴＰＰに反対な農林水産省の予測では、ＴＰＰに日本が参加すると農業関連のＧＤＰが４・１兆円減少し、３４０万人の国内雇用が損失し、さらに食料自給率が現行の40％から14％に減少するとしています。よって農林水産省は、日本はＴＰＰに加盟すべきでないと言っています。同じ日本の政府内でも、省によって予測データがまったく異なってしまっています。

２０１４年現在、ＴＰＰに関して日本、アメリカ、アジア諸国との間での交渉が難航しています。この国々の間でＴＰＰ交渉を巡る対立点は、主に①関税の引き下げ、②知的財産のあり方、そして③国有産業のあり方の３点です。①関税の引き下げに関しては、全貿易品の関税撤廃を要求するアメリカと、コメや麦など重要農産物の関税維持を目指す日本との間で意見が食い違っています。②知的財産のあり方については、著作権の保護期間を70年にしたいアメリカと、保護期間は50年でよいという日本が対立しています。同様の知的財産の問題として、新薬特許の保護期間延長を提案するアメリカに対して、アメリカの案では新興国の薬代が高くなるとマレーシアやベトナムが反対しています。③国有企業のあり方に関しては、アメリカや日本が国有企業の優遇措置の廃止を要求しているのに対して、マレーシアやベトナムでは国有企業の存在がいまだ大きく、よってアメリカと日本の要求に反対しています。

図1－4　TPP交渉の争点の三角形

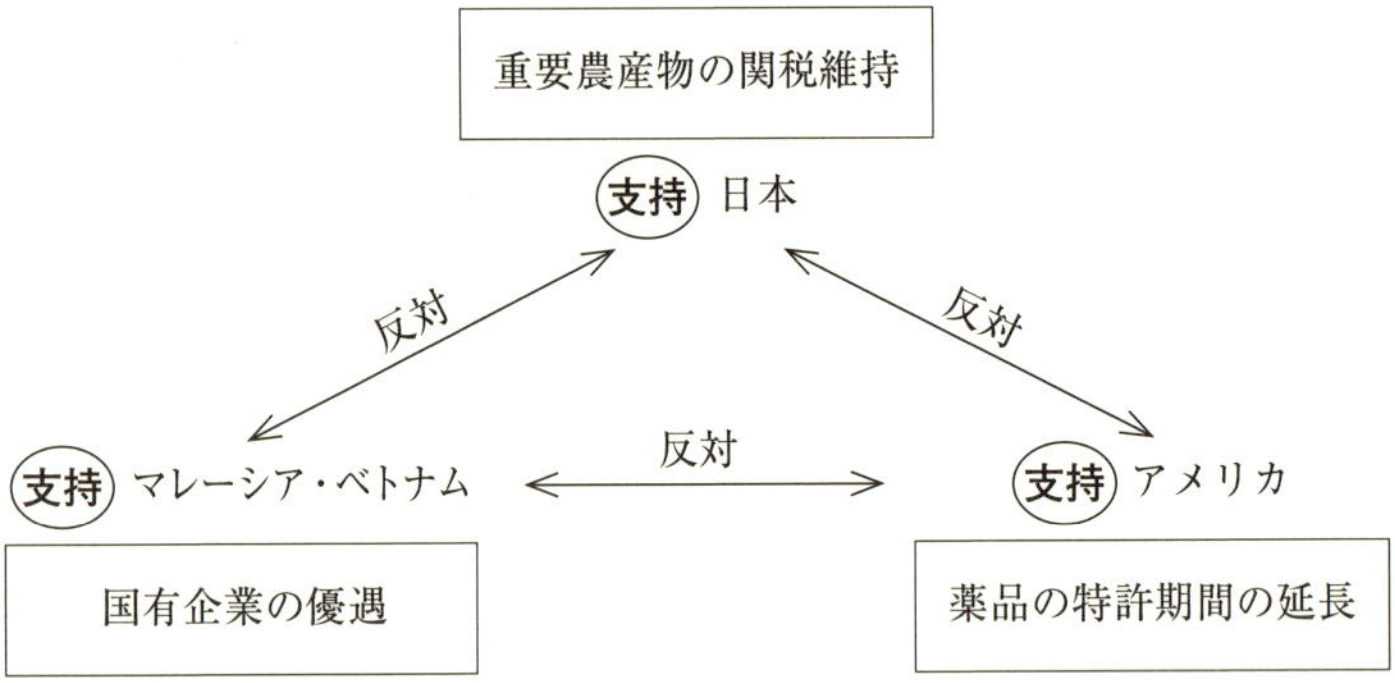

以上述べたTPP交渉の3つの問題は、2006年のWTOドーハラウンドの「争点の三角形」と呼ばれた①農産物の市場アクセス、②農業の国内支持、③非農産物の市場アクセスの3つの問題によく似ていることに気づきましたか（この問題に深く関与したのがオーストラリア、ブラジル、EU、インド、日本、アメリカの主要6カ国でしたね）。ですから、今回のTPPの「争点の三角形」を表すと図1－4のようになります。

すなわち、このTPPの問題でも、関係した国々が自国の国益を巡ってことごとく対立しているといえます。このTPPの交渉の中には、それぞれの国にとって特別な思い入れのある項目があります。アメリカは、知的所有権における特許期間をできるだけ長くしたいと考えています。例えば、アメリカの製薬会社が相当な研究費を投入してやっと作り上げた新薬は、その膨大な研究費を少しでも多く回収できるように、その特許期間をできるだけ長くしたいと考えています。特許期間が過ぎれば、その薬と品質が同じでも値段が安いジェネリック薬品が流通されます。すると、元祖のアメリカの製薬会社の販売利益は落ちるわけです。よってアメリカの製薬会社は、自国の政権を支持することを条件に政府にプレッシャーをかけて、TPPやそれに準ずる多国間交渉で、知的所有権に関してアメリカ企業が有利になるように働きかけているのです。アメリカは、薬のみならずエンターテインメント（ハリウッド映画やディズニーランド）をはじめとするあらゆる分野で特許を保持していることが多いのです。同様に日本政府も、国内の農産業関係者（JAや農家等）から強い圧力をかけられています。そのプレッシャーとは、農産物の市場を開放するなというプレッシャーです。関税引き下げによる輸入農産物の価格の低下は、国内農家にはとても脅威です。マレーシアやベトナムの国家公務員の人たちも、国営企業が減少していけば、自分たちの雇用が脅かされます。今まで国営であった企業が民営化になれば、国からの援助もなくなるわけですから、より厳しい競争原理にさらされるのであり、それは国家公務員にとっても脅威になります。よってマレーシアやベトナムの国家公務員の人たちも、現政権の支持を確約する代わりに、自由貿易の交渉で両国の国営企業の民営化に対して反対するように政府に要請しているのです。

このように、WTOのみならずTPPの舞台でも、各国は以上のような国の事情でそれぞれ「特許の長期化」「閉鎖的な農産物市場」そして「国営企業の存続」を維持できるよう交渉していますが、これら「特許の長期化」「閉鎖的な農産物市場」そして「国営企業の存続」というものは、保護主義にあたります。つまり、太平洋地域の自由貿易を目指すＴＰＰの貿易交渉でも保護主義は主張されているのです。よって、ＷＴＯであろうとＴＰＰであろうと自由貿易の例外的事項はある程度残ることを認識し、その例外的事項がどこまで抑えられるかが国際社会における自由貿易体制にとってのカギであるといえます。

では、ＴＰＰのような地域のＦＴＡが充実して機能していけば、ＷＴＯはもう廃れてしまってもいいのでしょうか。それはＮＯでしょう。地域貿易協定の中でも優れた協定もあれば、そうでなく未熟な協定もあります。開発途上国の中でも特に開発が遅れている後発発展途上国（Least Developed Countries: LDC）の中には、どのＦＴＡにも所属しない国も存在します。そのような国家にとってはＷＴＯの繁栄が重要です。ＦＴＡはＷＴＯに代わるものではなく、ＷＴＯを補うものとして考えていくことが妥当でしょう。

【註】

（1）サン・エデュケーショナルＤＶＤ「プライマリー経済学入門―貿易と経済グローバル化」２００８年。

（2）ジェトロ貿易白書２００９年度版。

（3）田村治朗『WTOガイドブック』弘文堂、2001年、10～11頁。
（4）経済産業省通商政策局『不公正貿易報告書―WTO協定から見た主要国の貿易政策―』2005年、194頁。
（5）UFJ総合研究所新戦略部通商政策ユニット（編）『WTO入門』日本評論社、2004年、13～18頁。
（6）荒木一郎「紛争手続の実際と課題」渡邊頼純（編著）『WTOハンドブック―新ラウンドの課題と展望』ジェトロ（日本貿易振興会）、2003年、156～157頁。
（7）京極智子『ドーハ・ラウンド：農業交渉の進展と挫折を中心に』キヤノングローバル戦略研究所研究論文（農業政策分野）、2014年、No.1、7～8頁。
（8）ジョセフ・スティグリッツ「TPP交渉、警戒心を持って臨め」日経ビジネス2013年7月15日、98頁。
（9）みずほ総合研究所　みずほ政策インサイト「凍結されたWTOドーハ・ラウンド交渉―交渉再開に向けた見通し」2006年8月11日、1～8頁。
（10）「WTO、3分野で合意―ドーハ・ラウンドで初」日本経済新聞夕刊、2013年12月7日。
（11）青木健・馬田啓一『WTOとアジアの経済発展』東洋経済新報社、1998年、212～213頁。
（12）Ibid., p.214.
（13）嶋正和『FTAとTPP―図解よくわかるFTA』日刊工業新聞社、2012年、40頁。
（14）小泉祐一郎『世界一わかりやすいTPPの授業』中経出版、2012年、129～233頁。

第2章

国際社会のグローバル化と貧困問題：援助か貿易か

1　グローバル化とは

「グローバル化」は、英語ではglobalization（グローバリゼーション）といいます。この単語の意味は「地球化」という意味です。その元の言葉はglobeつまり「地球」。言い換えるとグローバル化とは、物事が地球規模に動いていくことです。物事が国境内にとどまることなく、何の規制もなく自由に国境を越えていくことです。物事といいましたが、正確には「人」「物」さらに「お金」等が、地球の隅々にまで移動することが可能になるのが「グローバル化」ということです。

グローバル化という言葉は最近になってよく耳にするようになりましたが、グローバル化の事象そのものは昔からありました。すなわち「国境を越えて自由に物事が動く」ということは、規模の大小の差こそあれ、以前より存在していたといえます。それでは、歴史的に見てどのようなことがグローバリゼーションだったのでしょうか。例えば、15世紀、ポルトガルとスペインを中心に始められた大航海による地理上の発見が、グローバル化の1つとしてあげられるでしょう。1492年、スペイン人のコロンブスはアメリカ大陸を発見しました。1498年、ポルトガル人のバスコ・ダ・ガマは、アフリカの南端を通り、ヨーロッパ人として初めてインドのカリカットに到着し、インド航路の開拓に成功しました。そしてスペイン国王の命を受けたマゼラン一行は1522年に世界一周を果たし、地球が球体であることを実証しました。これらの地理上の発見により、ヨーロッパの人々がアメリカやアジアとの通商を可能にしたのであり、これにより「人」や「物」が地球の反対側にまで到達し、このこと自体「グローバル化」といえます。

同様に、17世紀から始まったイギリスの植民地政策は、「7つの海を支配する」大英帝国にも発展しました。この大英帝国による世界進出の壮大化は、イギリスのロンドンにある大英博物館に展示されている各植民地からの財宝の数々を見ても明白です。このイギリスの大英帝国主義も、歴史的にみれば「グローバル化」の1つとしてとらえることができます。

また、アメリカへの大量移民も歴史的にみればグローバル化の1つでしょう。アメリカ国民の歴史は移民の歴史でもあります。例えば、1840年代より、アイルランドではジャガイモの凶作により多くの人々が餓死をし、その結果、何十万人ものアイルランド人がアメリカに渡ったと言われています。同年代にドイツでも、ドイツ連邦の革命が失敗した後に、多くのドイツ人がアメリカに移住しました。現在500万人とも言われているユダヤ系アメリカ人のルーツは、1880年代東ヨーロッパにおける、ユダヤ人の集団虐殺によるユダヤ人のアメリカ移住に遡ることができます。

また、歴史的に見たグローバル化の中で「人」のみならず「物」が国境を越えるものの原点として、1876年の「ベルの電話の発明」もあげられます。日本に最初の電話が登場したのは、その2年後の1878年です。この初期の電話では、国外にかけることはできませんでしたが、この電話という「サービス」が今では国際電話として、当然のように国境を自由に超えています。

それでは、現在におけるグローバル化にはどのような例があるでしょうか。例えば、世界120カ国以上に約3万店舗を有するマクドナルドや、世界80カ国に約1万店舗を誇るケンタッキー・フライドチキン（KFC）のようなフランチャイズのお店は、現在のグローバル化の象徴でしょう。世界進出しているお店という意味では、ルイヴィトンやグッチというようなブランド品を扱うお店や、中国製品を主に集めた日本でおなじみの「100円ショップ」もグローバル化しています（もちろん海外では「100円」で売られてはいませんが）。

近年の「新しい伝達手段」もグローバル化しています。インターネット網、携帯電話、ソーシャル・ネット・サービス（SNS）はその典型です。とくにインターネットを使用して、さまざまな活動やビジネスが地球規模で展開されているのは周知の通りです。

また、「新しい市場」もグローバル化の流れとしてとらえることができるでしょう。例えば、私たちが毎日のニュースで知ることができる市場として、地球規模で結びつき遠隔地からリアルタイムで24時間取引される外国為替・資本市場がそうです。お金だけではなく、国際的に取引されている原油や鉱物やコーヒー豆など昔から取引されている市場も有名ですが、近年は地球温暖化対策としての二酸化炭素（CO_2）の排出削減を求めてのCO_2排出権取引の国際市場もあるのです。

さらに紹介すべきこととして「新しいアクター」というものがあります。アクター（actor）は、「俳優」という意味がありますし、「当事者」あるいは「関係者」という意味もあります。すなわちグローバル化におけるアクターとは、国際社会における新しい俳優ならぬ「登場者」あるいは「新しい組織」と考えることができます。その新しい組織の筆頭となるのは「新しい企業」です。すなわち国境を越える企業とは「多国籍企業」のことです。例えば、海外に多くの生産工場を持つ日本のトヨタは多国籍企業の典型ですが、このような多国籍企業の資金力は、多くの国家の財政規模よりも多いと言われています。多国籍企業が1国よりも多くの資金を持つということは、時にはその国よりも経済的に大きな影響を与えうるということです。表2－1は、多国籍企業の中で売上高の世界TOP10をあげました。例えば、第1位のウォルマート・ストアーズの売上高2465億ドルは、ヨーロッパのギリシアのGDP2418億ドルを上まわっています。

また、グローバル社会における「新しいアクター」として、国境にとらわれない非政府組

表２－１　売上高における世界上位10位の多国籍企業

順位	企業名	国	売上高（億ドル）
1	ウォルマート・ストアーズ	アメリカ	2,465
2	ゼネラル・モーターズ	アメリカ	1,868
3	エクソン・モービル	アメリカ	1,825
4	ロイヤル・ダッチ・シェル	イギリス	1,794
5	BP	イギリス	1,787
6	フォード・モーターズ	アメリカ	1,639
7	ダイムラー・クライスラー	ドイツ	1,414
8	トヨタ自動車	日本	1,318
9	ゼネラル・エレクトリック	アメリカ	1,317
10	三菱商事	日本	1,094

出所：伊藤正直『世界地図で読むグローバル経済』旬報社ブックス，2004年，p.108。

織（ＮＧＯ）があげられます。ＮＧＯとは、国際社会の中にあり、その社会を改善すべくさまざまな働きを行っていることです。その言葉通りに「政府ではない（非）」が、国家の政府と同じような社会貢献を目指している組織と考えればいいでしょう。その社会貢献とは、貧困解決や人権さらには平和の問題等を扱う団体です。そのようなＮＧＯが国内にとどまるだけではなく、国境を超え世界をまたにかけて活躍する国際ＮＧＯが増加しているのです。さらに「新しいアクター」としては、第1章で扱った世界貿易機関（ＷＴＯ）もまさに当てはまるのではないでしょうか。

また、現在のグローバル化の中には「教養や文化」という側面も見ることができます。教養面でいえば、例えば「英語の習得」というものがあげられます。今や英語は世界の公用語とも言われています。世界で英語を公用語としている国は、アメリカやイギリスをはじめとして、その両国が植民地支配をしていた国、あるいは英語を母国語としていたものが移住して新たな国が建設された地域等多岐にわたっています。その結果、世界の約80の国・地域で話されており、世界で最も多くの国・地域で使用されています。世界で英語を公用語としていない国（例えば、日本や韓国）においても、英語を「第一外国語」として子供のころから熱心に学んでいるところが多いのです。また、そのような英語圏の大学に留学することも人気があります。よって、アメリカやイギリスの大学や大学院には多くの留学生が学んでいます。この「英語熱」もグローバル化の現象の1つです。また「グローバル化された文化」の典型的なものとしては、ハリウッド映画やディズニーランドを代表とするアメリカの娯楽産業があげられます。ハリウッドの映画スターやミッキーマウスは世界的に有名ですし、このようなアメリカの娯楽産業は世界の隅々にまで行き渡っているといえます。

このようにグローバル化は、歴史を振り返ってもさまざまな事象を有し、その種類は多岐にわたり、私たちの住む国際社会に深く浸透しているといえます。上に述べたグローバル化のおかげで、私たちは海外旅行ができるようになり、世界のブランド品を日本で買うことができ、国際電話やインターネットも使いたい時に使いたいだけ使うことができるのです。これらはグローバル化がもたらす利点です。一般的に、世の中の「人」や「物」や「お金」が自由に世界を飛び回ることができるというのは、喜ばしく思えることです。

しかしグローバル化というものは、必ずしも良いことばかりではないと考えている人たちも大勢います。例えば、1999年国連開発計画（UNDP）の『人間開発報告書』によると、グローバル化について次のような記述があります。「・・・しかし、今日のグローバリゼーションは市場の拡大によって推進されており、貿易、資本、情報に対し国境を開放し、市場のガバナンス（統治）の確立や人々への影響への対処が追いつけないほどの急速な拡大をしている」(1)。実際にこの『人間開発報告書』において、グローバル化がこのように急速に発展してしまったために、さまざまな問題が発生しているといいます。例えば、私たちの仕事における雇用の問題があげられます。グローバル化によって「人」が国境を越えて自由に移動することができると、私たちはどうするでしょうか。おそらく高い給料や賃金をもらえる国に行き、そこで働こうとする人も多いと思います。そして同じ仕事内容でも、もし日本が外国よりも賃金が高ければ、多くの外国人労働者が日本に移住してくるはずです。するど、それまで日本人が当然のように従事してきた仕事に外国人労働者が加わることになります。日本国内の仕事の数、いわゆる雇用の規模が変わらない以上、グローバル化によって日本人向け雇用が減少する可能性があります。また第1章で述べたように、デビッド・リカードの比較優位論に従い、各国が比較優位の製品に製造を集中した場合、各国にすべての産業を残す必要がなくなります。その結果、数カ国にまたがって同じ業界における統廃合、すなわち企業の吸収合併が盛んになれば、そこに余剰労働者が発生し解雇される人も出てくるでしょう。

またグローバル化によって、健康面における懸念も出てきます。グローバル化によって海外への旅行や移住が容易になると、健康を損なう病原菌やウィルスによる伝染病が一気に世界中に広がっていく恐れもあります。例えば、伝染病で最も被害が深刻とされているHIVエイズに関して、UNAIDS（国連エイズ合同計画）がまとめた2009年HIVエイズの情報によると、2008年末の全世界のHIV感染者数は推定3340万人、新規HIV感染者数は270万人、そして世界人口における感染率は0・8％にものぼります。つまり、世界の人々の1000人に8人はHIVエイズに感染しているという計算です。そのHIVエイズ感染の地域的内訳は、次の表2－2の通りです。この表を見ると、HIV感染者数、新規HIV感染者数、感染率ともにサハラ砂漠以南のアフリカの数値が突出しています。この数値から見ても、HIVエイズの発症元がアフリカ大陸にあるのではないかと推測できます。しかし、サハラ砂漠以南のアフリカ以外の世界のすべての地域にまでHIVエイズが伝染されており、その感染率もサハラ以南のアフリカ以外の地域では、ほぼ一様な数値を出し

表２－２　2008年　世界地域別HIVエイズの感染状況

	HIV感染者数（2008年）	新規HIV感染者数（2008年）	感染率（％）
サハラ以南のアフリカ	2,240万人	190万人	5.2
中東と北アフリカ	31万人	3万5,000人	0.2
南アジア・東南アジア	380万人	28万人	0.3
東アジア	85万人	7万5,000人	0.1以下
東ヨーロッパと中央アジア	150万人	11万人	0.7
西ヨーロッパ・中央ヨーロッパ	85万人	3万人	0.3
北アメリカ	140万人	5万5,000人	0.6
西インド諸島（カリブ海）	24万人	2万人	1
ラテンアメリカ	200万人	17万人	0.6
オセアニア	5万9,000人	3,900人	0.3
合　計	3,340万人	270万人	0.8

出所：国連エイズ合同計画（UNAIDS）。

ていることに注目すべきです。すなわちＨＩＶエイズは、アフリカで何らかの原因で発症し、それが地球の隅々にまで急速に拡大していきました。その原因として、グローバル化によって人々が国外に頻繁にかつ容易に移動することができたからだと考えられます。

またグローバル化による個人の不安は、本人の移動によるものばかりではありません。昨今のインターネットの普及は、私たちにとって良い情報ばかりが届くのではないのです。インターネットを通して、麻薬や武器や売春の取引が増大しています。２００４年2月29日のイギリスの新聞インデペンデント紙によると、商品として世界で最も多額の取引が行われているのは石油であり、第2位は武器取引、そして第3位は麻薬取引であると伝えています。世界の麻薬取引額は、世界全体の国内総生産（GDP）総額の数パーセントにものぼります。このような武器取引や麻薬取引は、「地下経済」とも「闇経済」とも言われています。すなわち、アフリカの紛争地帯で武装勢力が関与する武器取引や、アフガニスタンの武装集団が資金源のために取引しているアヘンやヘロインといったような麻薬取引は、それ自体公式な貿易として計上されるものではないからです。このような麻薬や武器が水面下で世界に流通している状況は「闇経済のグローバル化」とも言われています。その闇経済のグローバル化にインターネットが深く関与しているといえるでしょう。

また、グローバル化によって環境問題も深刻になっていきます。すなわち、先進国において経済が豊かになり、その生活水準をさらに向上するには国内だけの資源では足りなくなり、その新たな資源の供給先を、海外とりわけ発展途上国の豊かな天然資源に求めていくようになります。その結果、例えば世界人口の5分の1の最も豊かな先進国に住む人々が、世界の紙の84％を消費していると言われています。この環境問題については、次の第3章に詳しく述べていきます。

さらに、昨今のグローバル化によって地域社会の安全性についても懸念が残されます。先ほど述べたように、武器取引のグローバル化により小さな武装集団でも武器の入手が可能になりましたが、武器のみならず「人」すなわち「軍人」が国境を超えることがあるのです。金銭で雇われ、自分や自国に利益のない戦争に参加するものを傭兵といいます。この傭兵という職業は昔から存在していましたが、昨今では民間軍事会社という営利団体が存在し、その団体が傭兵を採用し世界各地の戦場へと送り出しています。このような民間軍事会社の需要が多くなれば、地域の安全保障はさらに不安定化を増すことになるでしょう。

また、先ほどグローバル化の側面として「教養や文化」について述べましたが、このグローバル化された教養や文化でさえ懸念が残ります。すなわちこの「文化的不安」とは、海外から受け入れた外国文化が自国文化を圧倒してしまった場合に、その国の生活様式に「自国らしさ」や「アイデンティティー」が失われることになりかねないということです。例えば、日本人がアメリカからやってきたハリウッド映画やディズニーランドにばかりに夢中になり、その結果、我々が日本の映画産業やお祭りなどに興味をなくしてしまったら、日本の文化は廃れてしまい、「日本らしさ」がなくなってしまうという懸念が残ります(2)。

このように、「人」「物」「お金」が自由に国境を越えることができるというグローバル化は、華やかさがあるように見える一面、上に述べたような心配や懸念が残されていることも覚えておく必要があるでしょう。

2　グローバル化における規制緩和とは

グローバル化というのは、「人」「物」「お金」が国境に関係なく自由に動くことができるということであり、言い換えれば地球上においていろいろな制約がなくなるということです。物事が単純化され、同じ見方で物事を見るようになります。極端に言えば、地球上のルールというのは「1つ」になり、この単純化されたルールの下で世界中の人々が、同じ条件のもとで同じスタート地点から走り出すようなものです。金持ちの者も、そうでない者も、肌の色も関係なく、自由に競争し切磋琢磨してこの世の中を生きていくことになります。

世の中の制約が少なくなるということは、別の言い方をすれば「規制緩和」ということになります。この規制緩和は、第1章の貿易でいえばWTOが推進する自由貿易がその典型でしょう。関税や輸入制限といった規制を「緩和」するのがWTOの主目的だからです。国内での規制緩和というものには、どのようなものがあるでしょうか。典型的なものに「公共事業の民営化」というものがあります。世界において、国が営んできた公共事業、つまり国営の事業には、電気、水道、電話、ガス、交通等のインフラ事業や、お酒やタバコのような国民的嗜好品の事業が多いです。このような国営企業は、「国が営業しているのだから、赤字になっても倒産しない」という考えから「安泰な」産業として考えられ、それゆえ労働意欲が損なわれると考えられました。その結果、そのような国営企業を民営化することにより、複数企業が台頭し競争することになり、その産業自体が繁栄していくと考えられました。ちなみに日本でも、上記にあげた公共事業の中で、水道以外はすべて民営化されています。

このように公共事業が民営化されれば、国営企業のために費やした経費、つまりこの分の国家予算は削減されます。よって国の政府予算が小さくなることから、規制緩和の顕著な国では「小さな政府」で成り立っているといえます。反対に、国営企業が多い国の予算は多額であるために、そのような国家は「大きな政府」を抱えていることになります。

規制緩和を目指す「小さな政府」は、公共事業に限らずさまざまな方法で国家予算を下げ、政府の関与を小さくするように努めます。例えば日本でも、私たちが病院に行った際に支払う医療費の多くは、政府が賄っています。それは、事前に私たちが医療保険にあたる経費を支払っているからです。それでは規制緩和が奨励されるとどうなるでしょうか。私たちの納税額を少なくする代わりに、病院で支払う医療費が高額になります。現在、日本でも仕事がなくなり失業したら失業保険がもらえますが、「小さな政府」になるともらえなくなるかもしれません。障害者や老人に対する福祉体制も低減されるかもしれません。しかし、私たちの納める税金も低く抑えられるという考え方です。また教育の分野にしても、国家の教育に対する予算、例えば義務教育に当てられる予算を日本政府が保証しているために、日本での義務教育は無料となっています。しかも、もし日本が国民にさらに多額の税金を課し、いままでより「大きな政府」になれば、高校や大学の授業料も一律無料になることも可能です。

現在の国際社会の中で「小さな政府」や規制緩和を奨励している国家の代表的な国として、アメリカ合衆国があげられます。国の規模の割には国家予算を低くし、国家に回るお金を少なくする代わりに、そのお金を国民に配分することにより、より豊かな経済活動を期待しているといえます。「アメリカンドリーム」という言葉があるとおりに、そのような社会的な規制が少ないアメリカでは、特定のビジネスが「大当たり」して巨額の富を得ることも不可能ではないのでしょう。しかしその一方で、「小さな政府」の特質により、アメリカでは国家の医療や福祉の保護体制が充実していない分、病人や失業者や障害者などの社会的立場の低い方々の生活は困難といえます。

一方で、国際社会の中で「大きな政府」を維持しようとしている国々では、スウェーデンやフィンランドやデンマークなどの北欧諸国があげられます。この北欧諸国では、所得税や消費税などの納税率が高いために一般の国民の負担は大きく、まさに高い国家予算の「大きな政府」を維持しているのですが、国民の福祉体制も充実しています。例えば、北欧諸国では、医療費や学校教育費も無料です。このような国では、国家が社会に深く関与している

表2－3　国内総生産（GDP）に占める社会保障費の割合（2000～2007年）

国名	社会保障費／GDP × 100（%）
バングラデシュ	0.30%
インド	4.30%
アメリカ	6.90%
南アフリカ	8.40%
ロシア	9.00%
アルゼンチン	9.20%
エジプト	11.50%
チェコ	12.30%
ブラジル	13.10%
ポーランド	16.40%
スウェーデン	22.70%

出所：Ben Crow and Suresh K. Lodha（訳：岸上信啓）『格差の世界地図』丸善出版，2012年，pp.28-29。

ために国家による規制も多く、「規制緩和」ということに対しては前向きではないといえます。表2－3は、国内総生産（GDP）に占める公的支出としての世界保障費の割合です。この数値が高いほど「大きな政府」ということができます。アメリカの数値は6・9%であり、相対的に他の世界主要国と比べて低いことがわかります。また、「大きな政府」の代表格であるスウェーデンの数値はやはり群を抜いています。

このように、国内でも「規制緩和」や「自由化」に対してさまざまな政策があげられます。しかし国際社会においてのグローバル化が意味することは、国際社会が一体となって「規制緩和」という同じベクトルに向けて進んでいこうということです。先ほど、アメリカ合衆国では、病人や失業者や障害者のような社会的立場の弱い人たちが苦労しているると述べましたが、それでは国際社会の中で「立場が弱い人たち」にあたるものは何でしょうか。それは発展途上国や開発途上国と呼ばれている国々のことです。グローバル化が進むと、このような国々は国際社会からのいろいろな規制や縛りから解放されるものの、対外援助や特権関税のような待遇は受けられなくなるのです。

3　途上国の債務危機から見るグローバル化の問題

途上国の人々が豊かな暮らしをするには2通りの方法があります。1つは、裕福な国や国連のような国際機関から物資の援助を受けるという方法です。もう1つは、その途上国が経済成長を遂げて、外部からの援助に頼ることなく生活水準を向上させるということです。どちらが理想かといえば後者でしょう。では、その途上国が経済成長するのに手っ取り早い方法としては、その国の得意とする特産品や商品を国外に売る、つまり貿易によって国家の経済を発展させることが理想です。この「援助よりは貿易を」という理念こそ、1964年スイスのジュネーブで開催された第1回国連貿易開発会議（UNCTAD）で提唱されたキャッチフレーズです。

この貿易による経済成長をする上でまず、その輸出商品を開発・生産する初期投資が必要となります。第2次大戦後、このような途上国を含めた世界の国々の経済成長を支援することを目的として、世界銀行（正確には国際復興開発銀行：ＩＢＲＤ）という国際金融機関が誕生しました。この世界銀行に加えて、為替の安定、加盟国の国際収支不均衡を是正するために資金を融資することを目的とする国際通貨基金（ＩＭＦ）、さらに第1章で学んだＧＡＴＴを総称して、ブレトン・ウッズ体制といいます。このブレトン・ウッズ体制は、自由経済・自由貿易を推進するアメリカの強い意向によって作られました。そしてこのブレトン・ウッズ体制こそ、アメリカを中心としたグローバル化の象徴であったといえます。

この世界銀行は、積極的に途上国に融資していきました。世界銀行の推進者たちは、確かに世界銀行の融資によって途上国は債務者になりますが、その借りた資金で国内産業が近代化され、輸出のための農業が発展すると考えました。その結果、途上国はより高い輸出収入が見込まれ、そしてついに世界銀行からの債務は返済でき、経済成長が実現すると考えられていたのです。

しかし現実には、このような順調なシナリオ通りにはいかなかったようです。この詳細については、ダミアン・ミレーとエリック・トゥーサン（和訳：大倉純子）が書いた『世界の貧困をなくすための50の質問』に書かれています。確かに世界銀行が途上国に融資を始めた

1970年代の頃には、貸付金利も低く、約4～5％でした。しかし、この融資自体が変動金利だったのです。つまり、世の中の経済や景気の状況で貸付金利が変わってしまうのです。1979年8月、アメリカの連邦準備制度理事会（FRB）のポール・ボルカー議長が「新金融調節方式」、いわゆるボルカー・ショックと呼ばれる金融引き締め政策をアメリカ国内に断行しました。ボルカーの導入した引き締め政策によって、1979年に平均11・2％だったフェデラル・ファンド金利（政策金利）は1981年には20％に達しました。このボルカー・ショックにより、アメリカが関与する世界の金利も上昇し、世界銀行の金利も16～18％へと跳ね上がったのです。このような高金利の融資を、途上国は融資を受ける時点では想像もしていませんでした。当然、途上国の世界銀行に返済する金額も、金利が上昇した分増加してしまったのです。途上国は、世界銀行から借りたお金を返済するために、より一層自国の産物を輸出するのに熱心になりました。その結果、世界市場は途上国からのコーヒー、綿花、ココア、砂糖、ピーナッツ、鉱物、石油であふれかえりました。市場に必要以上に物が増えてしまうと、需要よりも供給が勝ってしまうので当然ながら価格が低下してしまいます。表2－4は、途上国が輸出の主要産物とする原材料と農産物の国際市場における価格の推移です。このように、ほとんどすべての製品で1980年よりも1990年、そして1990年よりも2001年の価格が安くなっています。

表2－4　原材料と農産物の価格の推移（1980年～2001年）

製品名	単位	1980年	1990年	2001年
コーヒー	セント/kg	411.7	118.2	63.3
ココア	セント/kg	330.5	126.7	111.4
ピーナッツ油	ドル/t	1,090.1	963.7	709.2
パーム油	ドル/t	740.9	289.9	297.8
大豆	ドル/t	376	246.8	204.2
米（タイ米）	ドル/t	521.4	270.9	180.2
砂糖	セント/kg	80.17	27.67	19.9
綿花	セント/kg	261.7	181.9	110.3
銅	ドル/t	2,770	2,661	1,645
鉛	セント/kg	115	81.1	49.6

出所：ダミアン・ミレー，エリック・トゥーサン（訳：大倉純子）『世界の貧困をなくすための50の質問』つげ書房新社，2006年。

そのような市場価格の低下の結果、途上国は減り続ける収入で、より高金利の融資を返済していかなければなりませんでした。そしてついに「これ以上、世界銀行から借り入れた債務は返済できない」と発表する国が次から次へと現れました。これを債務危機といいます。つまり、先ほど述べた世界銀行の思惑とは異なり、実際には世界銀行の突然の高金利がもたらした市場の輸出物（主に原材料）の急増により価格が急落し、その結果、債務不能となり債務危機となったのが現実の流れでした。

途上国が債務危機に陥ったのは、金利の上昇と原材料の価格の急落だけが原因ではありませんでした。世界銀行から融資を受けた途上国の多くの政治体制も問題でした。言い換えれば、世界銀行から融資を受けた途上国では独裁政治が敷かれていたケースが多かったのです。ザイールのモブツ（１９６５～97）、インドネシアのスハルト（１９６５～98）、フィリピンのマルコス（１９６５～86）、チリのピノチェト（１９７３～90）などの長期独裁政権がその典型です。独裁政権下においては、世界銀行からせっかく資金を調達しても、その資金は国の開発や発展に使われることは少なく、その多くは独裁者とその腹心の懐に入ってしまったのです。このような腐敗した政治体制に対して、アメリカなどの先進民主国家は目をつぶっていたようです。それは、そのような国家では当時、共産主義勢力が共産化を唱え、それら独裁政権と対立していたからです。アメリカが「独裁政権」と「共産政権」のどちらを支持するかと言えば、東西冷戦時代においては残念ながら独裁政権を支持せざるを得なかったのです。その結果、上記の国の独裁政権が長期存続し、世界銀行から借り入れた債務も返済できなくなってしまったと考えられます。

途上国が世界銀行からの債務を返済できなかったさらなる理由としては、世界銀行やＩＭＦが途上国に資金を融資する際の条件（コンディショナリティー）をつけたことがあげられます。つまり「私たちがあなたがた途上国にお金を貸すには、以下の条件を守ってください」と世界銀行やＩＭＦが途上国に条件を提示したのです。それは構造調整政策（ＳＡＰ）というものです。このＳＡＰの内容を一言でいえば「自由主義的な経済改革」です。言い換えれば、グローバル経済を推し進めるということです。具体的には、第1章で述べたような「関税障壁の撤廃と市場開放」、さらに「輸出志向経済への転換」「公営企業の民営化」「教育や医療の有料化」、「国内産業への補助金の打ち切り」などです。つまりSAPを受け入れること、言い換えればこのような大胆な自由経済、グローバル経済への改革を受け入れることによって初めて、途上国は世界銀行から融資を受け入れることになりました(3)。このように、IMFや世界銀行やアメリカ政府が、「小さな政府」「規制緩和」「市場の競争原理」「民営化」を通して途上国の債務危機を削減しようとした動きを総評して「ワシントン・コンセンサス」と広く言われています。これは、このような政策を支持したIMFや世界銀行のような国際機関、さらにはアメリカ財務相や著名な経済のシンクタンクがアメリカの首都であるワシントンDCにあることから名づけられました。

しかし現実には、途上国がSAPを受け入れることにより国内の経済状況がかえって悪化することも多々見られました。例えば「関税障壁の撤廃と市場開放」は、まさに第1章で学んだWTO主導の自由貿易の問題ですが、WTOの精神で世界の貿易品の関税を一律にしてしまうと、途上国における競争力の弱い産業、誕生したばかりの萌芽産業や幼稚産業は生き残っていけません。はるかに上の経済発展段階に達した先進国と、その先進国からの植民地支配から解放されてまだ50年足らずの開発途上国が、同じ自由貿易の土俵に上がること自体が「不平等」であると考えられます。1990年代に、国際NGOであるオックスファム・インターナショナルが、輸入自由化の早さと経済成長や貧困削減の実績についての関連性について調査したところによると、急速に輸入自由化をした国の多くは（例えば、ハイチやザンビアなど）、経済成長の実績も貧困削減の実績も低迷しているといいます。一方で、輸入自由化を慎重に進めた国の多くが（例えば、韓国、中国、ベトナムなど）、はるかに高い経済成長を残し、貧困削減でも相当な実績をあげていると述べています(4)。

「輸出志向経済への転換」についても良い点ばかりではありません。例えば、途上国における輸出向け生産に関しては、多国籍企業による海外投資に依存することがあります。これは、昔の欧米諸国のアジア・アフリカへの植民地支配の構造を彷彿させます。このような海外資本の輸出向け生産は、国内産業との結びつきが弱いケースが多いのです。言い換えれば、輸出の拡大が国内経済の発展に結びつきにくいということです。簡単に言えば、輸出額のうち国内や地元に落ちる付加価値や利益が少ないということです。例えば、この外国資本の企業がある製品を途上国で生産する場合に、生産に必要な機械類や原材料をはじめとする投入財をすべて（現地の途上国ではなく）海外から調達し、工場はただの組み立て作業でしかないとき、受け入れの途上国にはあまりメリットがないことがわかります。このように、工場での単純な組み立て作業を大勢の低所得者層を雇って行う形態を、労働集約型工業といいます。この労働集約型工業で働く人の多くは女性です。これは、女性の労働であれば低賃金で済むからです。このような低技能・低賃金の輸出向けの労働集約型工業は、途上国の輸出の何と4分の1以上を占め、その半分以上は繊維産業です。特に、バングラデシュなどの南アジアや、ホンジュラスなどの中南米地域では顕著にみられます(5)。また、途上国における外国資本主導の輸出向け農産物には別の問題が発生しています。外国資本の輸出用農産物の多くは、広大な農地に大型機械を導入します。そしてその農作物に対しては、その作物に合った農薬とセットで入ってくることがあります。これには、農作物を効率よく大量生産したいという先進国企業の思惑があります。しかし受け入れの途上国の人々にとっては、大型機械や農薬を購入するだけの経済力がないのが現状です。これでは地元の農民が関与することができないのです。

「公営企業の民営化」はどうでしょうか。これについても事情はあまり変わらないようです。そもそも公営事業は、電気、水道、電話、ガス、交通等のインフラ事業が多いわけですが、このようなインフラ事業は私たち国民の日常生活に欠くことのできない物ばかりです。電気や水道が通っていなければ、私たちの生活に支障をきたします。よって、国の隅々まで、富める人もそうでない人も国民のすべての人に行き渡ることが必要です。すると、多少採算が取れないこともやむを得ないと考えることもできます。つまり、財政の赤字を許容できるのは公営・国営の企業ということになるのです。これらの公営事業が民営化になれば、さまざまな懸念が考えられます。まず、民営化になれば採算重視になるので、国の全地域までそのインフラサービスを網羅できるのかという問題が起こります。人口が少ない過疎の地域には、採算が取れないからといって電気が通らないということも考えられます。また民営化になれば、同様に採算がとれるよう、あるいはより大きな利益を生み出せるよう公共料金が値上がりすることもあり得るのです。すると、例えば水道料金が値上がりすることにより、その国の貧困層が水道を使えなくなるという恐れが出てきます。同様に「教育や医療の有料化」も始まれば、低所得者が教育や医療のサービスを受けなくなることもあります。公共料金や教育や医療の分野が、市場での極端な競争力の原理の元におかれれば、それによって巨額の富を得る者も現れるかもしれませんが、そのサービスを利用できない者も多くなり、結局、貧富の差が増大することになります。

「国内産業への補助金の打ち切り」に関しては、先進国と途上国での二重基準が存在します。第1章で述べたように、アメリカのような超大国でも自国の農業に対する補助金を存続させています。アメリカの農家は年平均約2万1000ドル、EUの農家は年平均1万6000ドルもの補助金をもらっています。一方、低所得国の農家は補助金をほとんどもらっていない状況です。彼らの一人の年間の所得でさえ、平均410ドルです。また別のデータによると、先進国は、農業補助金として1日に10億ドル以上使用しているのに対して、途上国では1年間で10億ドルしか補助金を使用していないといいます。1日と1年の違いです。このような状況で、世界銀行に資金の融資を依頼している途上国にのみ国内補助金をカットせよというのはまったく正当的ではありません。

以上のことを考えると、世界銀行が提唱し債務国に義務づけた融資条件、いわゆる構造調整政策（SAP）は、かえって債務者を苦しめたケースが多いと考えられます。このように、世界銀行からの債務を返済できない国は、中南米諸国を中心に債務危機に陥ったばかりでなく、世界の富める国とそうでない国の格差、言い換えれば貧富の差を拡大していったといえます。

国際社会の中には、世界銀行、IMF、GATT、WTOといった国際機関を、グローバル化へと強烈に導くものとしてとらえる人たちが出てきました。そしてこのような国際機関がグローバル化を極端に早めた結果、世界の貧富の差がますます広がったと批判する団体が増えていったのです。

このような途上国の債務危機に対して債務を帳消しすべきだという運動が、1998年から2000年にいたる2年間に市民社会から生まれました。この国際規模のキャンペーンを「ジュビリー2000」と呼びます。その結果、1999年ドイツで行われたケルン・サミットでは、G7諸国（アメリカ・日本・ドイツ・フランス・イギリス・カナダ・イタリア）が総額700億ドルの途上国の債務削減に合意しました。

4　反グローバリズムと格差社会

グローバル化を主張する主義を「グローバリズム」というのであれば、上記のように「グローバル化は世界の貧富の差を拡大する」という主張の下に、グローバル化に対して反対の立場をとる考えを「反グローバリズム」ということができます。2002年、NHKで「ETV2002：貧困の解決に何ができるのか―環境・開発サミット」というドキュメンタリー番組が放映されました。その番組では、2002年南アフリカ共和国のヨハネスブルクで行われた「国連環境・開発サミット」に焦点を当てていました。かつて人種隔離政策（アパルトヘイト）が行われていた南アフリカは現在でも貧富の差が激しく、その中心都市のヨハネスブルクも例外ではありません。その国連環境・開発サミットは、ヨハネスブルクの中心地で都市開発が最も進んだ会議場で行われていました。しかし、その会場から1キロメートルくらいしか離れていないところには、バラック小屋が並んでいるソウェトという黒人居住区があります。そこはトイレも共同で電気も通っておらず、水道まで1キロくらい歩かなくてはならないところでした。1部屋に10人もの人々が住んでいることも稀ではなかったのです。そのドキュメンタリー番組では、「国連環境・開発サミット」で会議が行われている期間にソウェト地区で起きた、グローバリズムに反対するNGO団体による大規模な抗議デモが紹介されていました。彼らは、自分たちから1キロメートルしか離れていない「金持ちサミット」が、我々の生活をますます貧しくしていると主張していたのです。またサミットの中でも、国際的に有名なNGO団体（グリーンピース・インターナショナルなど）が、このサミットは公な場での環境や持続可能な発展に関する話し合いよりも、非公式な場での貿易交渉を重視していると批判していました。つまりこのサミットは、国連よりもWTOなどの自由貿易交渉に力を入れており、この国連サミットが経済主導になっていると主張しています。その貿易交渉とは、先進国が途上国に、融資や援助の見返りに貿易の自由化や公共料金の民営化などの規制緩和を求めているというのです。そこでソウェト地区の人々も、「水道などの公共料金が民営化し値上がりすれば、その料金が払えなくなる」と主張しています。この番組は、現在のグローバル化に対する2つの対照的な見方を表します。具体的に述べると表2－5のようになります。

同様に、NGO団体であるオックスファム・インターナショナルの報告書では「反グローバル派は、生きていくのがやっとの搾取的な低賃金だけを問題にし、輸出産業で働く生身の

表2－5　グローバリズムと反グローバリズム

	グローバル化に賛成（グローバル派）	グローバル化に反対（反グローバル派）
組織等	先進国政府・先進国大企業	NGO・途上国の人々
主　張	グローバル化は，途上国の経済成長を促し貧困の解決になる	グローバル化は，大企業の進出を許し貧富の差を拡大し環境を破壊する

出所：NHK『ETV2002：貧困の解決に何ができるのか—環境・開発サミット』より。

人間にとって現実的にどのような選択肢があるのかを考慮しない。一方、親グローバル派は、雇用の創出と生産性の向上にだけ目を向け、どんな社会であっても許されないような労働者の権利侵害に目をつぶってしまう」と述べています。

一方、実際に近年になって世界の貧富の差が拡大しているのは事実です。これはさまざまなデータや数値からも明らかです。例えば、先ほど述べたＮＨＫのドキュメンタリー番組でも「世界の豊かな15％の人口層が全体の80％の富を保有し、下部の40％は全体の３％しか所有できない」と主張しています。同様なデータとして、成人のうち２％が、世界のすべての富の50％以上を所有しています。世界の50％の人々は、世界のすべての富の１％しか所有していません。そして、１８２０年に最も裕福な国に属するグループと最も貧しい国に属するグループにおける所得の比率は３対１であったのに対して、１９９２年までにその比率は72対１に拡大していきました(6)。世界のお金持ちは、巨大な豪邸に住み、贅沢品を購入し、文化的な活動を自由にすることができますが、貧しい人々は今日の食料を確保できないほど生活に窮していきます。そして世界各国による貧富の差は、国内の社会制度の事情によりさらに悪化していきます。例えば、途上国の人々が自由経済の競争に負け、職を失ったとしても、社会保障が充実していないために失業手当をもらえないことが多いのです。これでは、人々は文字通りに収入源がなくなり、やがてはホームレスになってしまうケースが出てきます。前に出てきました表2－3の国内総生産（GDP）に占める社会保障費の割合（2000～2007年）を見ても、バングラデシュやインドのような発展途上国の数値は低いことがわかります。特にバングラデシュのように社会保障費がほとんどないところは、失業したら致命的です。一方、国際経済において競争力のある先進国の人々は、失業しても社会保障制度が充実しているので、失業手当を国からもらうことができます。このようにして貧富の差が一層拡大していきます。

また、貧富の差は国別のみならず、一国内でも見られます。すなわち、同じ国内でもお金持ちの人々と貧しい人々の経済力の差が顕著であるということです。先ほど述べた南アフリカ共和国の都市開発の進んだ地区とソウェト地区の経済格差もその一例ですが、インドでも同じようなことがいえます。南アフリカもインドも、経済発展が著しい国々として、ブラジル、ロシア、中国とともにいわゆる〝ＢＲＩＣＳ〟と呼ばれています。よってインドの中間層の中には、先進国と同じような暮らしをしている人々もたくさんいます。しかしインドでは、依然「最貧層」に属する人々もたくさんいます。２０１４年3月の朝日新聞「先鋭化する貧困層」という記事によると、インド中部マディヤプラデシュ州のある村では、子供たちは学校にも行かず、親が森林で伐採した木材を約7キロ離れた町まで運び、生活を支えています。そしてその森林伐採で得られる収入は、日収60ルピー（約１００円）です。つまり、親子で働いて1日１００円の収入しかないのです。そしてその村から８００キロ離れた首都のニューデリーでは車がひしめき高級モールが点在し、そのモールでの食事は日本円で1万円から2万円はするそうです。日本でも1回の食事がそれくらいする高級レストランはあると思いますが、日本で親子が1日働いて給料が１００円ということはまずあり得ません。インド国内では、日本では考えられないくらいに貧富の差が拡大しているといえます。反グローバル派の人々は、同じ国内でも裕福層はグローバル化の恩恵を被り、貧困層はグローバル化の犠牲になっていると主張しているのです。

貧困の状態の中でも、生きていくために最低必要なものを得られない状態を「極度の貧困」といいます。長年にわたって餓えに苦しみ、必要な医療が受けられず、安全な飲料水も飲めず、子供たちは学校にも行けず、衣服のような生活必需品さえもがないという状態です。また、世界銀行では「極度の貧困」の状態を、一人当たり1日の収入が1ドル以下と定義づけています。開発経済学の世界的な権威でアメリカ・コロンビア大学のジェフリー・サックス教授が書いた *The End of Poverty*（『貧困の終焉』）という本では、この極度の貧困の状況を明確に記しています。それによると、サックス教授がアフリカの最貧国の1つであるマラウイを訪問した際には、ＨＩＶエイズに苦しむ患者が90万人もいました。そこでマラウイ政府はＨＩＶエイズの治療プログラムに着手し、インドの製薬会社との共同事業で、低コストの抗レトロウィルス薬というエイズに効果がある薬を患者に提供しました。その費用は1日たった1ドルです。しかし、マラウイの人々の平均日収はわずか50セントであるために、この抗レトロウィルス薬を投与できる患者は、90万人中わずか４００人でした。そこでマラウイ政府は、5年以内に現在のＨＩＶ感染者の3分の1（およそ30万人）に抗エイズ薬を与えられるよう援助してほしいと国際社会に訴えました。しかし資金援助国（ドナー国）の政府は、マラウイに要求額を縮小するように求めました。そして長い苦闘の末にマラウイ政府が資金援助国から受けた基金は、5年以内にわずか2万5千人分の抗エイズ薬基金だったのです。1日1ドルあれば救われるマラウイの人々の命が、国内の「極度の貧困」状況そして国際社会の無関心によって、次々と失われています。また、マラウイをはじめとするアフリカでは、多くの子供たちがマラリアで毎年命を落としていると言われています。このマラリアという病気の予防は、ＨＩＶエイズと比較すれば難しくなく、蚊帳やその他の環境整備によって可能であるといいます。しかし、その蚊帳でさえもマラウイの人々は入手することが困難で、国内NGOの人々がマラウイの粗末な民家にビニールシートを貼るのが精一杯です。この1戸につき数セントの貢献が、海外の援助機関にできるすべてです。よってマラウイでは、毎年マラリアで大勢の人々が命を失っています(7)。

5　グローバル化は罪？　―「援助より貿易」から「援助も貿易も」への移行の必要性

それでは、グローバル化は罪深く、国際社会にとってまったく悪いことだったのでしょうか。そうとはいえないでしょう。この章のはじめに記述したように、グローバル化の定義は広く、移民や技術革新や情報伝達、さらには経済や貿易のメカニズムや文化的な事柄までさまざまです。その中で、技術革新のために産業が発達したり、より情報化社会になり伝達手段が容易になったようなことは、率直に素晴らしいことであり、私たちの生活を豊かにしてくれたことは間違いありません。私たちが自由に外国の文化や言葉に直接触れたり、外国人と交友を深めることは素晴らしいことで、そのような経験や交流を一層手助けするグローバル化というものはありがたい存在です。世間で批判の元になるグローバル化というものは、経済のメカニズムにおけるグローバル化が多いのです。つまり、経済のメカニズムが多様化している国際社会の中で、金融や貿易のあり方を「世界基準」で統一する側面でのグローバル化に違和感を覚える者が少なからず存在するということです。

第1章で話した通りに、グローバル化の代表である自由貿易は、GATTやWTOを通して国際貿易を活発化しています。例えば、1960年時に1300億ドル程度だった世界の貿易額は、1990年時には3兆5000億ドル、そして2000年時には6兆ドル、2012年時には18兆ドルへと増えました(8)。またこれも少し専門的な言葉ですが、世の中の財(産)と呼ばれるものにサービス財と物財があります。物財とは、実際に存在する目に見える財のことです。20世紀末には、その世界の物財生産のうち約48%、すなわちほぼ半分が国際間で取引されている、つまり貿易の対象になっているということです。そして19世紀末から20世紀末にかけての100年間でみると、世界物財の実質生産額が25倍、実質貿易額が50倍になっています。そして自由貿易による製品の国家間分業を示す国際分業度という数値も、この100年で2倍になっています(9)。言い換えれば、私たちの国際社会はこの100年間の間に経済的にはとても豊かになり、その経済成長の背景には貿易が果たした役割が大きかったといえるでしょう。その貿易が発展したのも、グローバル化の一環であるGATTやWTOの功績が大きいといえます。それでもノーベル経済学賞を受賞したアメリカのスティグリッツ教授は、グローバル化がアフリカの最貧国に悪影響を与えた原因として、先ほど述べたIMFや世界銀行のワシントン・コンセンサスを例にあげています。スティグリッツは、主に中南米の債務危機に際してIMFや世界銀行が推進した「小さな政府」や「規制緩和」等を含むワシントン・コンセンサスというものが、全世界に浸透し、それが中南米諸国よりも経済的に「体力のない」アフリカ諸国のような最貧国の国民の福祉や厚生の向上に多大な悪影響を与えたといいます(10)。

グローバル化に関しては賛否両論あっても、今のグローバル化の動きを止めたり、逆行したりできないのは事実です。その場合、私たちが考えていかなければならないのは、以前の国際経済の世界で考えられていた「援助から貿易へ」というキャッチフレーズを「援助も貿易も必要」というものに変えていくことです。つまり、これまでは「途上国が、自国の比較優位にあたる製品や産物を育てて、それを輸出することによって援助に依存するのではなく、今後は自立して行こう」という立場を推進していました。しかしこれからは、「まだそのような自立の水準に達していない最貧国にあたる途上国に対しては、先進国や国際機関が一層援助して行こう」とする動きが21世紀に向けて活発になっていきました。

このように、国際社会が援助を通して途上国の貧困問題を解決していこうとする動きは、20世紀末から21世紀の初頭にかけて顕著になっていきました。2000年9月、ニューヨークの国連本部で開始された国連ミレニアム・サミットに参加した189の国連加盟国代表が、21世紀に向けて豊かな世界づくりを目標とした「国連ミレニアム宣言」を採択しました。この宣言とサミットの開発目標をまとめたものを「ミレニアム開発目標（Millennium Development Goals: MDGs）」といいます。この「ミレニアム開発目標」は、2015年までに達成すべき8つの目標と21のターゲットからなっています。そしてそのターゲットの中には、具体的な数値目標を設定しているものもあります。例えば、2015年までに「1日1ドル以下で暮らす人の数を半減させる」「世界の全ての子供達に初等教育を受けさせる」「5歳未満の幼児死亡率を今の3分の2に減らす」「安全な飲料水を飲めない人の数を半減させる」などです。この数値目標に対する取り組み内容は前向きであり、「2010年の時点で1日1ドル以下で暮らす人の数を半減させる」という目標は2015年までに達成しています。また「2015年までに安全な飲料水を飲めない人の数を半減させる」という目標も2011年の時点で達成しています(11)。

グローバル化というものが今後さらに国際社会に浸透していくためには、私たちはその自由社会を享受することのみを考えるのではなく、立場が弱いものにも常に配慮していくことも必要であると考えていくべきです。

コラム④　フェアトレード（Fair Trade）で貧困問題を解消：「おいしいコーヒーの真実」の話

開発途上国の貧困問題の原因の1つに教育問題があります。例えば、途上国の人たちはコーヒーなどの農業に従事していますが、その多くの生産者が買い手の「言い値」で売ってしまっています。つまり、自分たちが作っているコーヒーが市場ではいくら位で出回っていて、海外の消費者はそのコーヒーをいくら位で買っているかがわかりません。言い換えれば、自分たちの作っているコーヒーがいったいいくら位の価値であるかがわからないことが多いのです。また、コーヒーなどの農産物の海外への流通には多くの仲介業者が存在します。仲介業者が多く存在するということは、その都度コーヒーの値段が上がってしまいます。つまり、そのような値段の上昇を考慮して、最初の農家からの買い値を安く設定してしまうケースも多いようです。このような状況において、まず途上国の生産者に対して、自分たちが生産しているものが国際市場ではいくら位の価値であるのかを知ってもらい、その市場価格に見合った、適切で公正（fair）な価格で生産物を買い取ってもらう活動をフェアトレードと呼びます。フェアトレードは、

1940年代後半にアメリカの教会団体であるTen Thousand VillageやNPO団体であるSERRVなどの組織が、途上国の生産者と公正な取引条件における貿易を開始したことから始まりました。その後、イギリスのOxfamやオランダのS.O.S Wereld Handelという組織がフェアトレード団体として活動を始めました。このようなフェアトレード団体が、仲介業者を介さず直接、途上国生産者から生産物を買い取ることによって、生産者は以前より高い値で売ることができ、その結果、途上国の生産者の生活水準が上がっていくのです。2006年に、アメリカとイギリスの合作で作られた「おいしいコーヒーの真実」というドキュメンタリー映画が発表されました。その映画は、エチオピアのコーヒー農家にフェアトレードのシステムを導入しようとする取り組みが焦点となっています。エチオピアのコーヒー業界では、フェアトレードが導入される前は、コーヒー豆1キロをわずか2ブル（数十円）で仲介業者に売っていました。日本ではコーヒー豆1キロの販売価格は、種類にもよりますが、平均して数千円になってしまいます。このように、多くの仲介業者と国際コーヒー卸売市場を介すると、コーヒー豆の値段は高騰してしまうのです。このような高値で世界で売られていることを、エチオピアのコーヒー農家は知りませんでした。エチオピア産のコーヒーは、世界のコーヒーと決して見劣りがしないほど高品質でおいしいにもかかわらず、コーヒー農家はその値段が安すぎ

フェアトレードのロゴマーク
出所：フェアトレードジャパン
ホームページより。

るために、子供を学校に行かせられない人も大勢います。また、コーヒー農家をやめ、もっと利益の上がる違法の麻薬（チャット）の栽培を始める農家も出てきました。そのような現状を改善すべく、エチオピアのコーヒー農協連合会のタデッセさんという人とフェアトレード団体が、エチオピアにフェアトレードコーヒーを導入しました。そして、エチオピア産のコーヒーを農家から1キロ2ブルから5ブル位でも買い取れるような努力をして、エチオピア農家の生活改善を目指しているというのがこの「おいしいコーヒーの真実」という映画の内容です。この映画では、タデッセさんがイギリスのロンドンをはじめ、コーヒーを消費する世界の先進国に出向き、エチオピア産のコーヒーの営業活動を行いながらこのコーヒーを直接買い付けてくれるフェアトレード団体を奮闘しながら探しています。

フェアトレードとして扱う品物は、コーヒーやバナナ、チョコレートのような食品から、手工芸品や衣類などもあります。またフェアトレード団体は、単に途上国の生産物を高めに買い取るだけではなく、その生産物の生産指導もしているところが多いです。

例えば、東ティモールのコーヒーをフェアトレード商品として扱っているピース・ウィンズ・ジャパンというNGO団体は、東ティモールの村落に事務所を設立して、そこのコーヒー農家に高品質のコーヒーができるような技術指導を継続し、ついに東ティモール産のコーヒーが「スペシャルティー・コーヒー」という高品質コーヒーを認定するブランドを得ました。このように、フェアトレードは単なる貿易ではなく、途上国の開発活動の役割を果たしているといえます。

コラム⑤ マイクロクレジット（Micro Credit）とノーベル平和賞

マイクロ（micro）は、日本ではミクロということもありますが、「微小」「とても小さい」という意味です。そしてクレジット（credit）とは、クレジットカードというカードもあるように「信用して貸す」という意味です。よってマイクロクレジットとは、特に世界の途上国の貧しい人々を対象にした少額の融資を行い、彼らの生活が改善するように促す仕組みです。マイクロクレジットは、１９７６年にバングラデシュのチッタゴン大学のムハマド・ユヌス教授によって始められました。ユヌス氏が、１９７４年、バングラデシュの貧しい村を訪れた際に、ある女性が仲買人から5タカ（16セント）を借り、それで竹を買って椅子を作り、でき上がった椅子をその仲買人に売ることによって生計を立てていました。しかしその女性は、お金を借りている仲買人に椅子を売っているために製品を買いたたかれており、その結果、1日に50パイサ（1・6セント‥2・5円）しか稼ぐことができませんでした。そのような実情を知ったユヌス氏は、その女性のような人々が一定の信用を受けて少額でも融資を受け、もっと高い値で売れるような仕組みを実現しようと、1976年にグラミン銀行を設立しました。そのグラミン銀行におけるマイクロクレジットの特徴は、融資の原資となる資金も必要なく、担保もいらない代わりに、5人からなる1グループをつくり、返済に対して連帯で責任を持つことです。つまり、5人の中で1人でも返済が滞れば、5人全員の融資が止められてしまうために、5人全員が真剣に事業に取り組み、返済を続けていけるであろうと期待できます。そして、このマイクロクレジットを利用する人々の95％は女性です。マイクロクレジットは、女性の自立を促すシステムでもあるのです。グラミン銀行のメンバーになれるのは、土地をまったく持っていないか、0・5エーカー（約600坪）未満の耕作地しか持っていないという貧困層の人々のみが対象となります。グループには1世帯に1人しかメンバーになれず、ほとんどが隣人同士です。そしてメンバーは、支店の行員と共に、毎週、集会所で開かれる集会に参加します。また、グラミン銀行の女性のメンバーは教育経験が乏しいこともあり、グラミン銀行で定期的にワークショップと呼ばれる研修を主催し、家族が安全に暮らすための女性の義務、子供の権利、女性に対する差別を除去するための規約、リーダーシップのあり方などについて学んでいきます。よって、このマイクロクレジットという制度は単なる銀行業務ではなく、貧困問題を含めた地域開発を担った仕組みであるといえます(12)。このグラミン銀行のマイクロクレジットの返済率は9割以上を誇り、総融資額は2006年8月の時点で57・2億ドルにものぼり、アジア諸国を中心に世界の3133カ所で1億1326万人が融資を受けています。そして、バングラデシュを中心に貧困層の自立基盤を支援してきたことが評価され、グラミン銀行総裁のユヌス氏とグラミン銀行に、2006年にノーベル平和賞が授賞されました。日本政府も、1995年から1998年にかけて、グラミン銀行の活動に対してODA(政府開発援助)という形で財政援助をしました。

【註】

（1）国連開発計画（UNDP）『人間開発計画書：グローバリゼーションと人間開発』1999年、2頁。
（2）Ibid., pp.5-8.
（3）ダミアン・ミレー、エリック・トゥーサン（訳：大倉純子）『世界の貧困をなくすための50の質問』つげ書房新社、2006年、42～100頁。
（4）オックスファム・インターナショナル（訳・渡辺龍也）『貧困・公正貿易・NGO－WTOに挑む国際NGOオックスファムの戦略』新評論、2006年、177～180頁。
（5）Ibid., pp.98-103.
（6）Ben Crow and Suresh K. Lodha（訳：岸上信啓）『格差の世界地図』丸善出版、2012年、14～16頁。
（7）ジェフリー・サックス（訳：鈴木主税・野中邦子）『貧困の終焉―2025年までに世界を変える』早川書房、2006年、41～47頁。
（8）西川潤『新・世界経済入門』岩波新書、2014年、21頁。
（9）加藤善喜・青木一能（編著）『グローバリゼーションの光と影』文眞堂、2001年、12頁。
（10）中井浩之『グローバル化経済の転換点』中公新書、2009年、20～21頁。
（11）United Nations, *The Millennium Development Goals Report 2013*（New York, United Nations, 2013）.
（12）坪井ひろみ『グラミン銀行を知っていますか』東洋経済新報社、2006年。

第3章
地球温暖化と環境問題：先進国のみの責任か世界全体の責任か

1 地球温暖化とその根本的な問題点

私たちが住む国際社会では、とりわけ1990年代以降において、世界各地の最高気温がいたるところで更新されています。ニュースや天気予報でも、「今日の気温は、1年におけるこの時期としては、気象観測が始まって以来一番暑い日でした」ということを聞くことがあります。また台風による降水量に関しても、場所によっては「1時間あたりの降水量は気象観測史上最多でした」という報告を受けることがあります。海外のハリケーンの規模も、その国の歴史上最大の風力を記録した、というニュースを耳にします。近年、世界のいたるところで記録的な異常気象が続いています。

地球が以前より暖かくなってきている、いわゆる地球温暖化という言葉がよく聞かれるようになりました。気候変動や地球温暖化は、21世紀の人類社会が直面する最も深刻な問題の1つといえます。地球温暖化が起こる仕組みは、人間の日々の産業活動（物を製造するとか、車を運転するとか）によって排出された温室効果ガス（二酸化炭素、メタン、一酸化窒素、ハイドルフルオロカーボン、パープルオロカーボン、六フッ化硫黄）が、地球から反射して本来地球から離れていくはずの太陽熱を吸収してしまうことが原因と言われています。すなわち、その太陽からの熱が地球内にとどまってしまうために、地球内の温度が上昇してしまうということです。

しかし、この地球温暖化という問題そのものはとても厄介なものであり、根本的に次の3つの問題があげられます。第一に、私たちは地球温暖化に対して科学的根拠を立証しにくいということです。例えば、単純な問題として「そもそも本当に地球温暖化が起こっているのか」という疑問が聞かれます。1975年にアメリカの中央情報局（CIA）は、「北半球は徐々に寒冷化に向かっている」という内容の報告書を政府に提出しています。1976年に日本の気象学者が出版した本も「これから氷河期が来る」と警告しています。よって「地球温暖化というよりも、近年たまたま暖かい年が続いているだけではないのか」と主張する人がいても、その意見を完全に否定できる証拠はありません。また同様に根本的な疑問として、地球上において「二酸化炭素のような温室効果ガスの量が増加することが、本当に深刻な地球温暖化につながっているのか」とか、さらに本質を突く問題として「そもそも地球温暖化は、本当に現在社会に有害なのか。地球が暖かくなるのは、氷河期と比べたらかえっていいことではないのか」という疑問すらあるのです。このような「そもそも・・・」という問題に対しては、科学的には「100％絶対に立証できます」という根拠を立てることが意外に難しいのです。

2つ目の問題として、地球温暖化の原因を作る世代と、その温暖化によって影響や被害を被る世代のギャップが存在することです。例えば、地球温暖化の原因となる温室効果ガスの中でも代表的な二酸化炭素（CO_2）を、ある世代の人々が過剰に排出しても、短期的にすぐ地球が温暖化するわけではありません。ある一定量以上の二酸化炭素を何年間も、何十年間も排出し続けることによって、地球は徐々に暖かくなってくるのです。つまり、ある世代が二酸化炭素を多量に排出し続けても、その温暖化によって被害を受けるのはその子供の世代や孫の世代になるというわけです。ですから今、地球温暖化の現象や被害を被っているのであれば、そこに生きる人たちのみの責任ではなく、何十年何百年前に生きた人たちの責任でもあるのです。しかし、そのような人たちの多くはもう亡くなられているのです。つまり、責任追及がしづらいということです。

3つ目の問題は、地球温暖化の原因を作る国々とその影響を受ける国々が、必ずしも一致しないということです。地球温暖化の原因を作る国々とはどのような国々でしょうか。それは二酸化炭素のような温室効果ガスを大量に放出する国ですから、産業活動が盛んな国であり、個人的にも大きな乗用車に乗ったり、エアコンを1日中かけたりしながら、石油などの化石燃料を贅沢にも多量に消費する国です。また、二酸化炭素を吸収してくれる森林を多量に伐採してしまう（またはその森林を輸入する）国です。すなわち、二酸化炭素を多く排出する国は、アメリカや日本やヨーロッパ諸国などの先進国です。しかしその結果、温暖化するのは、先進国だけではありません。途上国を含めた地球上のほぼ全地域が温暖化になり、その被害を受けることになるのです。例えば、地球温暖化で世界の海洋の水位が上昇することによって、小さな島が水没してしまう恐れがあります。その島は先進国ではなく、人々も二酸化炭素をそれほど多く排出するような贅沢な生活をしていなくても、生活が豊かな国の過度な資源の消費のために、自分たちの島が生き残れないような恐怖に直面しているのです。

このように地球温暖化の問題は、ほかの国際規模のそれとは異なる独特な問題を抱え、それによって解決に困難さが増していると考えられます。

2　地球温暖化により予想される悪影響

それでは、地球温暖化によって予想される悪影響や被害とはどのようなものがあるのでしょうか。『温暖化の世界地図（丸善出版、2013年）』では、地球温暖化によって想定される結果として、**「乱れる生態系」「水の安全保障」「食料の安全保障」「健康への脅威」「上昇する海面水位」「リスクに直面する都市」**、そして**「文化的損失」**をあげています。

まず生物界では、地球温暖化により生態系に大きな影響を受けると言われています。いま私たちが住んでいる地球は、現在の気温だからこそこのように多くの種が共存しています。しかし、多くの種や生態系はわずかな気温の変化に対応できず、その結果「生物多様性の原則」に対するリスクに直面しています。例えば、地球上の気温が1・5度から2・5度上昇すると、生物多様性の研究対象の30％に及ぶ種が絶滅のリスクに追いやられるだろうと言われています。例えば、南極では地球温暖化によりアデリーペンギンの数が減少しています。アフリカのキリマンジャロの山頂は、氷河が後退しているために乾燥した状況や火災が増え、その結果、森林面積が減少し生態系に影響を与えています。以前はブラジルの面積の20％を覆っていたサバンナ（草原）も、現在はバラバラな断片に散らばる程度になっており、そこに生息していた1万種類の植物に影響を与えています。また、海洋の温暖化により病原体と寄生虫が発生し、1990年代に地中海に生息していた数千頭のスジイルカが伝染病の発生によって死亡しました。インドに生息するベンガルトラも、温暖化によってその生息に影響が出ています(1)。同様に、北極に生存しているホッキョクグマも、北極の氷が急激に溶け出しているために、氷盤から次の氷盤にたどり着くことができずおぼれ死んでしまうものも出てきています。また、地球の平均気温が1度上昇すると、世界各地のサンゴ礁が色を失って白くなっていきます。これを白化現象といいます。この白化現象が長引くと、サンゴ

ハリケーン・カトリーナの被害（AFP＝時事）

礁は死滅してしまうのです。1980年以降、サンゴ礁の白化現象は年々増加していき、世界の美しい海が少しずつ失われつつあります(2)。

地球温暖化による「水の安全保障」も深刻化しています。私たち人間にとって、水が不可欠なのは言うまでもありません。しかし地球温暖化の影響下では、水は「ある地域では不必要に多量にもたらされ、また別の地域では深刻なくらいに不足している」という極端にアンバランスな状況を作り出しているのです。言い換えれば、地球温暖化は、大雨による洪水に見舞われる地域と、逆に雨が降らずに干ばつに苦しむ地域を生み出しています。例えば、2005年5月、アメリカの南東部を襲った超大型のハリケーン・カトリーナは、特にルイジアナ州に甚大な被害を与え、ニューオリンズの町の総面積の8割が水没しました。同様に、2007年2月にインドネシアの首都ジャカルタを襲った集中豪雨は大洪水を引き起こし、その結果、家を失った40万人の住民が避難せざるを得なくなりました。このような巨大化したハリケーンや集中豪雨は、地球温暖化が原因と推測されています。また一方で、地球温暖化の影響としての干ばつ被害も深刻です。オーストラリアでは5年以上も干ばつに苦しみ、それによる水不足は国家規模の問題にまで発展しています。中央アフリカのチャド湖は、周囲の干ばつにより、その湖全体の大きさが年々縮小していき、もともとの大きさの12分の1になってしまいました。その結果、その湖で漁業を営んでいる人々に深刻な影響を与えています。干ばつは肥沃な農地を砂漠化し、山火事を発生させます。そしてそのことが難民を生むことにもつながり、戦争や虐殺を引き起こす原因にもなります(3)。

このように、温暖化による洪水や干ばつの頻度の増加や病害虫の発生等により「食料の安全保障」も脅かされます。気温が3度上昇すれば、全世界で食料生産量は減少に転じるという報告があります。例えばアメリカでは、今後50年足らずで二酸化炭素濃度が現在の2倍になると、国内の広大な農業地帯では35%もの土壌水分が失われて土が乾燥し、農業生産性が急激に落ちると予想されています。また日本のコメも、地球温暖化によって収穫量が低下すると言われています。温暖化による穂が膨らむ期間の高温を避けて、田植えの時期を現在の6月から7月に遅らせるため、収穫量は低下するのです(4)。しかし、温暖化による食料不足の問題は、途上国ではさらに深刻になります。アフリカのマラウイでは、温暖化による雨不足により、2005年には何と500万人が飢饉に直面しました(5)。食料不足が続くと食料価格が高騰します。実際に世界の穀物価格は、2004年時と比較すると、2011年には2・5倍に高騰しているのです。食料価格が高騰すると、途上国ではさらなる貧困が待ち受けています。もし現在、開発途上国に農業分野での開発投資をせず、かつこのまま気候変動が続くと仮定したら、2050年には世界で1億3800万人の子供たちが深刻な栄養失調に苦しむと言われています(6)。そしてそのような食料不足による貧困状態が続けば、新たな紛争が発生する可能性が増加します。2011年に北アフリカや中東で勃発した国民の民主化運動、いわゆる「アラブの春」における革命や暴動も、この食料価格の高騰が要因の1つであったと言われています。

「健康への脅威」のほうはどうでしょうか。例えば、熱帯や亜熱帯地域に蔓延するマラリアは、蚊を媒体として人間の体に入り込み、その結果、毎年100万人以上の人々が亡くなっています。そして地球温暖化とそれに伴う降水量の増加により、蚊がさらに増殖しその結果、マラリアもさらに猛威を振るうであろうと考えられます。また、地球温暖化により地球上に熱帯や亜熱帯地域が広がれば、マラリアの蔓延地域も広がります。ある研究によると、地球温暖化により、将来は日本の九州地域でもマラリアが蔓延する可能性があるとも言われているのです。私たちの中には、ブタクサの花粉による花粉症というアレルギー疾患に悩まされている人が多いですが、地球温暖化によりブタクサがさらに増殖するとも言われています。同様に、海水の水温が上昇することにより、コレラの重症度も増すという研究結果も発表されています。アメリカやヨーロッパでは、気温の上昇により鹿ダニが増殖し、その結果、長期の障害を起こしうるライム病が蔓延し始めています。地球温暖化の主原因である空気中の二酸化炭素の増加は、ガソリンを燃料とする車の排気ガスなどによってもたらされます。その排気ガスによるスモッグの多い地域では、肺や心臓の疾患による死亡率が高いのです。このようにして、地球温暖化によって世界のいたるところで人々の健康が損なわれているといえます。

地球温暖化によって「上昇する海面水位」つまり温暖化によって溶けた氷が海に流れ出し、海面が上昇する現象もあげられます。この海面上昇により、南太平洋のツバルやキリバスというような島は水没してしまうと考えられています。当然、ツバルやキリバスに住んでいる人々は、島全体が水没してなくなってしまうまでに外国に移住しなければなりません。海面の上昇により被害を受けるのは南太平洋の島々だけではありません。世界の20大都市のうち、13都市が海面の高さに位置しています。つまり海面の上昇により、世界経済の中心地の多くが「水浸し」になってしまうわけです。大都市の港は、貿易にとって大きな役割を果

地球温暖化によって水没するツバル（AFP＝時事）

たしています。政府や金融機関も存在します。言い換えれば、地球温暖化により世界経済が麻痺してしまう恐れがあるのです。また都市には、充実した施設が備えられている病院や水処理工場などもあります。都市に住んでいる人々が飲んでいる河川や地下水の水に海水が混ざってしまい、その結果、塩分を含むその水は飲めなくなってしまいます。海面上昇により、そのようなインフラ設備も深刻な影響を受けることになります。このように、地球温暖化により「リスクに直面する都市」の問題も深刻化します。

また、地球温暖化により「文化的損失」の懸念も出てきます。一番身近なたとえをあげるとしたら日本の桜のことでしょう。近年、地球温暖化が原因であるのか、桜の開花の時期が早まっている傾向にあります。例えば、日本の桜で一番一般的なソメイヨシノに関しては、昔は日本の学校の入学式の時期に満開になっていましたが、現在ではそれより数週間前の前年度の卒業式に咲いてしまっていることもあります。日本の文化としての桜は、新入生や新入社員にとっての「4月における人生の新たなスタート」の象徴としてとらえていたのではないでしょうか。それが3月の年度末に満開なってしまうと、その日本の文化が1つ失われてしまいかねません。また、現在、桜が平地で開花する南の限界は、鹿児島県の種子島や伊豆諸島の八丈島と言われています。しかし、これらの地点では温暖化の影響からか、最近では満開にならずに散ってしまう年も観測されるようになっています(7)。このような土地においては、桜の文化どころか、桜の花自体がなくなってしまう可能性があるのです。また、世界的に重要な文化遺跡や歴史建造物も、地球温暖化の諸現象によってその維持や存続が危ぶまれています。例えばタイ北東部では、地球温暖化における洪水によって、600年前のタイの最初の首都であるスコタイの遺跡や、14世紀から18世紀の首都であったアユタヤの遺跡が被害を受けました。同様に、エジプトのアレクサンドリアの遺跡も海面水位の上昇や沿岸地域の浸食により、その維持が脅かされています(8)。

3　気候変動に関する政府間パネル（IPCC）と気候変動枠組条約（UNFCCC）

それでは、このような地球温暖化の脅威に対して国際社会はどのように対応していったのでしょうか。地球温暖化問題は、1985年にオーストリアのフィラハで行われた科学者による会議、いわゆる「フィラハ会議」で国際社会共通の問題として最初に取り上げられました。この会議は、WMO（世界気象機関）、UNEP（国連環境計画）、ICSU（国際学術連合）の3つの国際機関が主催し、正式には「気候変動に関する科学的知見の整理のための国際会議」というものでした。つまり、地球温暖化や気候変動の問題が初めて国際問題として注目を集めたのは、今からわずか30年前のことです。この問題がとても「新しい問題」であることがわかります。このフィラハ会議は、その宣言において「21世紀前半における世界の気温上昇はこれまで人類が経験したことのない大幅なものになる」とし、それゆえ「科学者と政策決定者は政策変更と温暖化への適応策を検討する協力活動を始めなければならない」という政治的な呼びかけを最初に行った国際会議でした(9)。その後、地球温暖化というものが私たち国際社会の新たな脅威であるという認識が急速に広まりました。そしてフィラハ会議からわずか3年後の1988年6月に、アメリカ上院の公聴会でアメリカ航空宇宙局（NASA）ゴダード宇宙研究所の気象学者であるジェームス・ハンセン博士が、世界2000カ所の観測データをもとに「温暖化の到達は99%確実である」と証言したのでした。この「ハンセン証言」が国際社会に強いインパクトを与え、国際社会はこの「ハンセン証言」を契機に一層、地球温暖化問題を真摯に受け止めるようになったのです。

そして「ハンセン証言」と同じ1988年にカナダのトロントで、温暖化に関する「変貌する大気―地域安全保障との関係」という名の国際会議が行われました。これは通称「トロント会議」と呼ばれています。このトロント会議が、地球温暖化への国際社会の取り組みの歴史において重要であったことは、この会議が「2005年までに世界の二酸化炭素の排出量を今の1988年のレベルから20%削減しよう」という具体的な数値目標を発表したことです。つまり温暖化対策に対して、単に「掛け声」ではなく、国際社会が団結して真剣に取り組まなければならないと考えたからこそ、「後戻りができない」ように具体的な世界レベルでの数値目標を発表したのであり、このことは大いに評価できることです。そしてこの20%削減のために、まず先進国が先に削減し、途上国は今後、二酸化炭素の排出を削減するための技術移転に努めることが提案されました(10)。

また興味深いことに、同1988年の国連総会では、当時のシュワルナゼ・ソ連外相が次のように演説しています。

…それは、軍事的な防衛手段に第一義的に基づいた国家の安全保障及びユニバーサルな安全保障という従来の伝統的な見方が、今や全く時代遅れで、緊急に修正されなければならないことである。環境的大惨事という脅威に直面し、二極的イデオロギーの世界を分断していた線は自然と消えている。(11)

シュワルナゼ外相が伝えようとしたことは、これまでの私たちの生活や命の脅威になっていたのは戦争のような安全保障の問題で、そのために東西冷戦状態が続いていたが、今後の私たちの生命の脅威は、戦争や冷戦ではなく地球温暖化のような環境問題による大惨事であるということです。東西冷戦当事者の一方（ソ連）の国家指導者の一人（外相）がこのように演説したのは大変意義深いことです。同じこの国連総会の中で、インド洋の島国の1つであるモルジブ共和国のギオーム大統領は「私たちの国は、地球温暖化現象によって絶滅に瀕した国だ」と訴えています。このモルジブ共和国大統領の演説は、上述したような「地球温暖化の原因を作る国（先進国）と真っ先に影響や被害を受ける国（途上国）の違い」という地球温暖化の根本的な問題を私たちに投げかけるものでした。

また、トロント会議の「二酸化炭素20％削減」という勧告に対して、気候変動に関する科学的な知識を集積するために1988年の秋に設立されたのが、「気候変動に関する政府間パネル（IPCC）」です。IPCCでは、気候変動や地球温暖化を研究している研究者が世界中から集まり、気候変動のメカニズムや影響の予測、そして対応策に関する知識や情報や研究データをまとめる作業が始められました。そしてそのような作業がまとまり、1990年8月に採択されたIPCCの第1回の評価報告書では、「科学的に不確実な部分は残されているものの、気候変動が生じる恐れは否定できない」という結論が出されました(12)。そしてこの地球温暖化を含む気候変動に対して、科学者のみならず政治家をも含む国際的な条約が必要になってきたのです。

そして1992年6月、ブラジルのリオ・デ・ジャネイロで開かれた「環境と開発に関する国連会議（UNCED）」いわゆる「地球サミット」において、地球温暖化問題に対する国際的な枠組みを設定した条約である、国連気候変動枠組条約（UNFCCC）が締結されました。そして、世界155カ国が署名し、1994年に正式に発効しました。この条約は、大気中の温室効果ガスを安定させ、地球環境を保護することを目的としています。この気候変動枠組条約の特徴は、表3－1のようになります。このように拘束力は持たないながらも、より二酸化炭素を排出している先進国に多くの責任を課しています。

表３－１　気候変動枠組条約の特徴

その１	「究極の目的」は温室効果ガスの濃度を安定化すること。
その２	「共通だが差異のある責任」という考え方に立って，先進国と途上国を分け，先進国により多くの義務を課している。
その３	深刻な影響がある場合には，科学的に確実性が十分でなくても「予防措置」をとる原則を定めている。
その４	先進国全体としての1990年代終わりまでの目標を定めている。
その５	拘束力のある目標達成義務を定めるのではなく，各国が目標を提案・宣誓してそれをレビューするというゆるやかな仕組み。
その６	資金面・技術面において先進国が途上国を支援する仕組み。

出所：気候ネットワーク（編）『よくわかる地球温暖化問題』中央法規，2009年。

この条約の交渉会議の１つである気候変動枠組条約締約国会議（ＣＯＰ）は最高意思決定機関であり、１９９５年のドイツ・ベルリンでの第１回会議（ＣＯＰ１）以降に、毎年世界のさまざまな場所で開催されています（表３－２参照）。

このように地球温暖化に対する国際社会の対応は、20世紀後半より急速に発展していきました。その核となるのは、上述したようにＩＰＣＣのような研究者の知見をもとにした政府間のパネルやＣＯＰのような国際的な条約の締約国会議です。

４　京都議定書とは

表３－２に述べた気候変動枠組条約の締約国会議の中で、私たち日本人にとって馴染みのあるのは、１９９７年日本の京都で行われた第３回締約国会議

表３－２　気候変動枠組条約締約国会議（COP）

締約国会議	開催年	開催場所（議長国）
第１回（COP1）	1995	ドイツ・ベルリン
第２回（COP2）	1996	スイス・ジュネーブ
第３回（COP3）	1997	日本・京都
第４回（COP4）	1998	アルゼンチン・ブエノスアイレス
第５回（COP5）	1999	ドイツ・ボン
第６回（COP6）	2000	オランダ・ハーグ
第７回（COP7）	2001	モロッコ・マラケシュ
第８回（COP8）	2002	インド・ニューデリー
第９回（COP9）	2003	イタリア・ミラノ
第10回（COP10）	2004	アルゼンチン・ブエノスアイレス
第11回（COP11）	2005	カナダ・モントリオール
第12回（COP12）	2006	ケニア・ナイロビ
第13回（COP13）	2007	インドネシア・バリ
第14回（COP14）	2008	ポーランド・ボズナニ
第15回（COP15）	2009	デンマーク・コペンハーゲン
第16回（COP16）	2010	メキシコ・カンクン
第17回（COP17）	2011	南アフリカ共和国・ダーバン
第18回（COP18）	2012	カタール・ドーハ
第19回（COP19）	2013	ポーランド・ワルシャワ

（COP3）でしょう。これは単に地元日本が議長国になったからだけでなく、このCOP3で採決された京都議定書というものが、その後の国際社会における地球温暖化政策の中心的役割を果たしてきたからです。

COP3の京都会議で決まったことは、先進国に温室効果ガスの排出削減を義務付け、具体的には2012年までに1990年を基準として5・2％の削減を目標としたことです。先進国の目標の内訳として、日本は6％の削減、アメリカは7％の削減、そしてEUは8％の削減が割り当てられました。このように、取り交わされた約束は条約の一種として「京都議定書」と呼ばれることになりました。

京都議定書では、森林吸収源も目標値に入れることができます。森林は光合成によって二酸化炭素を吸収するために、木を商業目的や農地開発のために伐採しても、すぐに植林をして補う努力により、トータルとして考えれば二酸化炭素の排出を抑えることができるのです。京都議定書では、この森林効果による二酸化炭素削減も数値に入れることができます。

京都議定書の削減目標を、自国のみでクリアしようとするのは大変なことです。そこで、温室効果ガスを削減する必要のない国々と協力し、地球全体で温室効果ガスを削減する仕組みをCOP3の京都会議では考えました。この仕組みを「京都メカニズム」といいます。この「京都メカニズム」は、大きく**クリーン開発メカニズム（CDM）**、**共同実施（JI）**、そして**国際排出量取引**の3つに分けることができます。

クリーン開発メカニズム（CDM）とは、京都議定書で温室効果ガス削減を約束している日本やEU諸国などの先進国と、それをせずに済む開発途上国が協力して地球上の温室効果ガスを削減するプロジェクトです。具体的に説明すると、先進国が資金や技術を提供して途上国内の温室効果ガスの削減に貢献した場合、その途上国の削減分を先進国の削減目標に組み入れることができるという仕組みです。これは、先進国と途上国相互にメリットがあります。まず日本のような先進国は、確かに二酸化炭素の排出量も多いのですが、二酸化炭素の排出削減の努力も昔から行っています。よって、今後さらに二酸化炭素の排出削減を大幅に実行していくことには限界があるのです。一方、途上国は、環境対策においては未開発（いわゆる「手つかず」）の部分が多く、さらにその環境対策を実施する資金も技術も不足していることが多いのです。よって、先進国が途上国に、例えば風力発電のような温室効果ガスを排出しない発電を可能にするための資金や技術者を提供することは、双方にとって喜ばしいことです。

このCDMの流れを説明すると、まず先進国と途上国の関係組織が協議を行い、先進国側が具体的なプロジェクト設計書を作成します。この設計書について指定運営組織という第3者機関が審査を行います。そしてその審査が通ったら、気候変動枠組条約（UNFCCC）

事務局に送付し、事務局はこれを国際連合のクリーン開発メカニズム（ＣＤＭ）理事会に送付して正式にプロジェクトの登録を行います。このように細やかな協議や審査を通して、ＣＤＭのプロジェクト1つ1つが正しく行われるような仕組みが作られています。２０１０年の時点でＵＮＦＣＣＣが公認しているＣＤＭ事業は、世界で２０００件以上もあります。

クリーン開発メカニズムが先進国と途上国の間での温室効果ガス削減のためのプロジェクトであるのに対して、**共同実施（ＪＩ）**は、京都議定書においてともに削減目標を持つ先進国同士が「共同で」削減プロジェクトに取り組むという仕組みです。先進国は温室効果ガス削減の資金や技術をすでに十分に持ち合わせていると思われますが、そのような資金状況や技術状況は、先進国間によってさまざまです。また、各国が「得意」とする削減方法や削減分野も国によって異なります。ですから、先進国間でもこうした「得意」「不得意」分野を補い、各先進国の温室効果ガス削減を容易にすることなどが共同実施の主な目的です。そして、この共同のプロジェクトによって削減できた温室効果ガスの量（成果）は、両方の国で分け合うことができるわけです。共同実施は、技術格差の少ない先進国同士のプロジェクトですので、ＣＤＭと比較してスムーズに取り組めるメリットがありますが、削減効果の面ではＣＤＭの方が上回り、事業数でもＣＤＭの方が多いのが現状です。

国際排出量取引とは、先進国が温室効果ガスの削減量の目標を上回る成果を出せた時に、その目標を上回った分をまだ目標に達していない国に「売る」ことができるという仕組みです。その温室効果ガスの削減量を売り資金を得た先進国は、その資金をもとにさらなる温室効果削減の事業や研究を重視することにより、より一層「環境先進国」として世界をリードしていくことが期待されます(13)。一方で、京都議定書ではあくまでも、目標達成のための主な手段は国内の削減でなければならず、排出量取引はその補完的な手段でなければならないと定めています。しかしこの排出量取引の仕組みで問題視されたのは、ロシア・東欧の「ホット・エア」問題です。ロシアや東欧諸国では、冷戦崩壊後の1990年以降、経済の混乱で温室効果ガスの排出量がどんどん減少していきました。そして2006年の排出量は、1990年時と比べて37％も減少しているのです。すなわち、これらの国々が京都議定書のルールに従って1990年時の排出量を基準に考えると、目標をクリアするのはとても容易で、その余剰分についていくらでも排出量取引を使い西側先進国に売れるようになってしまったのです。その排出分を購入する国は、削減どころか今後も増加が可能になってしまうのです。追加的な削減につながらないホット・エアの利用には、国際的な批判が強いといえます(14)。

この京都議定書が正式に発効するための条件は、「先進国の1990年における温室効果ガスの排出量の少なくとも55％を占める先進国を含む、55か国以上の批准が必要」ということでした。つまり京都議定書は、できるだけ多くの国の承認が必要なのですが、二酸化炭素を主とする温室効果ガスを多く排出する主要先進国の参加がどうしても必要であったのです。しかし、こともあろうにアメリカは、この京都議定書の参加に否定的でした。1997年7月、アメリカの上院議会は「途上国の意味ある参加が義務とされない京都議定書には反対する」という議決を可決しました。言い換えれば、途上国にも温室効果ガスの排出削減を義務付けるべきだと主張しているのです。そしてついに2001年、アメリカは正式に京都議定書からの離脱を表明しました。アメリカの二酸化炭素の排出量は、全世界の約4分の1にもなります。そのようなアメリカが京都議定書から離脱することは、議定書そのものに大きなダメージを与えることにもなります。

また、京都議定書に懸念を示したのはアメリカだけではありません。途上国、特にサウジアラビアなどの産油国からも「気候変動対策が途上国経済に及ぼす影響について議論すべきである」という意見が出されました。京都議定書における目標達成のために先進国が石油消費を減らし、産油国の石油の輸出が減少することによって、自国の経済が後退することを懸念したからです(15)。

それではどうしてアメリカは京都議定書から離脱したのでしょうか。これはアメリカに限らずすべての先進国に当てはまるのですが、そもそも自国の温室効果ガスの排出を削減させることは一種のチャレンジ（挑戦）であり、大きな努力が必要になるからです。まず温室効果ガスの1つである二酸化炭素の排出量は、その国の経済活動の規模に比例します。例えば、国内の工業品を生産するのに二酸化炭素を排出しますし、自宅でエアコンをつけるにも車を運転するにも二酸化炭素を排出します。つまり、私たちの生活が豊かになればなるほど、二酸化炭素の排出量が増加していきます。言い換えれば、自国の国民に「二酸化炭素の排出量を削減しよう」と呼びかけることは、国内の物の生産量を減らすことであり、エアコンをつける時間を減らすことであり、車の運転時間を減らすことを呼びかけることに等しいのです。豊かな生活を享受し、その生活を当たり前のように受け入れている先進国の国民に、今までよりも質素な生活を要求することは容易なことではありません。さらに工業品の生産を減らすとなれば、その製造業の活動規模を縮小することになるため、企業や産業全体の利益も減っていくのです。ですから本音を言えば、国家にとって二酸化炭素の排出削減への取り組みは、環境問題を考慮しなければ「できれば行いたくない」取り組みであるといえます。

次に、上記にあげた一般的な理由のほかに、アメリカが京都議定書から離脱した理由や背景にはどのようなものが考えられるのでしょうか。まず考えられることは、京都議定書で合意されたアメリカの排出削減目標である7％という数値が、アメリカにとっては厳しすぎたのではないかということです。7％の排出削減を行うにも、小さな国が取り組む場合と、人口約3億人の超大国であるアメリカが実現させる場合では、その動員規模がまったく異なり、アメリカは国民に削減取り組みを説得するために、大きな努力を伴います。そしてこの数値目標を達成するために必要な対策を導入した場合、企業利益の縮小やリストラなど、アメリカ経済に深刻な悪影響を与えるという研究結果も出されました。また2つ目の理由として、確かにアメリカは二酸化炭素の排出量がとても多いのですが、中国やインドやブラジルなどの「途上国の経済大国」による排出削減の努力がなされない限り、地球全体の二酸化炭素の削減効果はとても薄いものになってしまうという主張です。前に述べたように、京都議定書における温室効果ガスの排出削減義務は先進国にのみ課せられています。途上国の経済大国は、これから経済成長とともにますます二酸化炭素を排出していくと予想されます。そのような国に排出義務を課さない京都議定書は「期待薄」であるために、アメリカは最初から参加しないという考え方です。3つ目の理由としては、この京都議定書は、法的には各国が温室効果ガスを削減する「約束」をしているにすぎず、その目標に達することがなくても罰せられることはないことをアメリカは懸念していると考えられます。つまり、仮にアメリカのみが「身を削って」まで、まじめに温室効果ガスの削減を果たしても、他の国々が真剣に取り組まず、削減目標に達しなかったとしても「おとがめなし」ということになります。それではアメリカは割に合わないという考え方です(16)。

以上のようなアメリカの考えは、一定の理解は得られるものの、国際社会から予想以上の厳しい非難を受けました。世界の二酸化炭素の全排出量の4分の1の責任を持つアメリカは、当然、京都議定書に復帰すべきだという根強い意見がありました。何よりもアメリカは、政治、軍事、経済のどの分野においてもその規模は世界一を誇ります。そのような世界のリーダーたるアメリカが、環境問題という将来に向けて何としても解決しなければならない問題において、世界の先頭に立つどころか、アメリカ一国だけ後ろ向きであるという姿勢は非難を浴びても仕方がないと考えられます。また、アメリカは科学立国でもあり、地球温暖化対策の科学技術の7割か8割を担うとも言われています。そのようなアメリカが自国の科学技術を駆使すれば、相当な温暖化防止活動が提言されるはずです。しかしアメリカは、結局のところ京都議定書に復帰することはありませんでした。興味深いことに、アメリカ議会の中に、京都議定書への参加問題をアメリカの軍事政策と関連して主張した人がいました。1998年2月のアメリカ上院議会において、ヘーゲル上院議員が次のように発言したのです。

アメリカ政府の中で最も化石燃料を使用するのは、アメリカの軍隊である。アメリカ政府は、京都議定書ではアメリカの軍隊の軍事活動は対象外と言ったがそれは違う。対象外となるのは国連が認めた多国籍軍の作戦だけだ。もしアメリカが、国連が認めない単独の軍事行動をとらなければならない場合、（京都議定書に従って）それが排出する温室効果ガスの量によって軍隊の使用を制限するのか？…… 全くばかげている。(17)

このようなヘーゲル上院議員の発言は、一見極端な論理に映るかもしれません。しかしアメリカは、国連が関与しない戦争や軍事行動（ベトナム戦争や２００３年イラク戦争など）に実際に参加しています。環境問題に関する国際条約は、とても複雑な要素がからんでくることもあり得るのです。

京都議定書は、アメリカに続いてロシアも批准を見送っていましたが、２００４年ロシアがついに批准をし、２００５年2月16日に正式に発効しました。締約国は１９２カ国にのぼります。

5 「不都合な真実」とノーベル平和賞

２００６年、地球温暖化に対して警告を発するドキュメンタリー映画が、アメリカを皮切りに世界で公開されました。その映画のタイトルは「不都合な真実（An Inconvenient

Truth)」といいます。その映画の制作を手掛け、映画でも語り手として「主役」を演じているのは、アメリカのアル・ゴア元副大統領です。ゴア元副大統領は、実際に世界各国で積極的に講演を行い、地球温暖化に対する真摯な姿勢とユーモラスな語り口で、多くの共感を呼んでいます。その講演の様子を中心に、時折ゴア元副大統領の回顧録を交えているのがこの「不都合な真実」というドキュメンタリー映画の内容です。

このドキュメンタリー映画では、タンザニアのキリマンジャロやアルプスの山々やアルゼンチン・パタゴニアのウプサラ氷河などの風景が、数十年前と現在の写真を比較していかに変わり果ててしまったかについて説明しています。すなわち、数十年前の写真では雪や氷河でおおわれていたのが、現在はそのような雪や氷河がとても少なくなってきており、これが地球温暖化のせいであるとゴア氏は主張しています。そしてこのドキュメンタリー映画の特徴は、ゴア元副大統領という元政治家が地球温暖化について情熱的に訴えているだけではなく地球温暖化の現象を学問的に、あるいは科学的に証明しているということです。ゴア氏がこのように地球温暖化に興味を持ったきっかけは、彼の大学の恩師であるロジャー・レベル教授が1958年に初めて空気中の二酸化炭素の測定を始めたことにあります。そしてその測定を毎日欠かさず50年間続けた結果、その二酸化炭素の量は、折れ線グラフにするとギザギザとした形ながらも着実に上昇しているのです。またこの映画では、氷河の氷を調査すると過去の気温がわかると説明しています。例えば、熟練した林業従事者が、木の年輪を見て過去1年1年の気候の様子を読むことができるように、科学者たちも1年1年新しい層が積み上げられている氷河から、毎年の世界の平均気温がわかるというのです。その結果、西暦1000年から2000年の間の世界の平均気温を測定すると、最近の50年間は平均気温が過去のどの50年間よりも著しく上昇しているのです。つまり、二酸化炭素の量と気温の上昇には大きな相関性があるわけです。さらにゴア氏は、学術面からも地球温暖化を証明しようとしています。ゴア氏によると、過去10年間に論文審査を受けて科学の学術雑誌に発表された「地球温暖化」に関する論文数は928にのぼるが、その中で温暖化の原因を疑う論文は1つもないということです。

この映画では、地球温暖化の現象により、世界でさまざまな被害や問題が出ていると警告しています。例えば、3万5000人の命を奪った2003年のヨーロッパの熱波、干ばつで荒れ果てたテキサス州の農地で途方に暮れる農夫の様子、50年前と比較して何十倍にも増えた南米大陸の山火事の件数、巨大化しつつあるハリケーン、インド・ムンバイの集中豪雨、溶け出した北極、減少する南極の皇帝ペンギンなど。このように視覚に訴えるシーンがこの映画にはたくさん出てきます。

ゴア氏が環境問題に政治家として長年携わるようになったのは、彼の息子が6歳の時に交通事

ゴア元副大統領の地球温暖化に関する講演（AFP＝時事）

故に遭い、生死の境をさまよった経験によるものでした。そして自分がみずから講演で環境問題を訴えていくことを決意したのは、2000年に行われたアメリカ大統領選挙での敗北が大いに関係しているそうです。

実際にゴア氏は、大統領選挙に立候補するもっと以前の若手の上院議員の時代から、地球温暖化対策を実現させるための法案を幾度も議会に提出しましたが、そのような法案は通りませんでした。そして上述したように、アメリカは京都議定書にも参加しませんでした。それは、アメリカの「あるグループ」にとって、地球温暖化の現象がこの映画のタイトルである「不都合な真実」だからだったのです。そのグループとは、自社の温室効果ガスの排出を抑制したくないアメリカの企業であり、彼らから政治圧力をかけられている政治家たちであると、この映画は訴えています。それゆえこの映画は、温暖化問題を直視しない政治家や政府を批判するとともに、私たち一人一人の環境への取り組みや姿勢を説いています。

この「不都合な真実」は、アメリカ国内で強い影響を与えました。なぜなら、それまでアメリカではブッシュ政権が「地球温暖化など単なる学問上の仮説で、温暖化現象は現実に確認できていない」とする公式見解で温暖化を否定していたからです。興味深いことに、このブッシュ大統領こそ、2000年のアメリカ大統領選挙で大接戦の末、ゴア氏を僅差で破った大統領です。しかしアメリカ国民の多くは、この映画を観て初めて地球温暖化の現状を知り、地球温暖化に対する意識が変わりました。そして「不都合な真実」は、アメリカ国内では優秀映画に贈られるアカデミー賞を受賞しました。

そして「不都合な真実」の受賞は、アカデミー賞という映画関係のみにはとどまりませんでした。2007年、この映画で主導的な立場であったゴア元副大統領が、IPCCのメンバーとともに、何とノーベル平和賞を受賞したのです。この映画が世界中で支持されたことを意味すると同時に、地球温暖化という環境問題が政治的な影響を受けていることを物語っています。

6 「ポスト京都議定書」への国際的枠組みに向けて

それでは、京都議定書の目標（温室効果ガスを、2012年までに1990年を基準として5・2%の削減）は達成されたのでしょうか。2014年環境省の発表によると、2012年度の日本の温室効果ガス排出量（速報値）は13億4100万トンで、京都議定書の基準年である1990年と比較して6・3%増加となりました。しかし、森林の吸収分やCDMや排出量取引といった「京都メカニズム」分を差し引くと8・2%減で、目標達成が確実になったと発表しています。一方で、2013年1月4日のアメリカの新聞「ウォールストリート・ジャーナル（The Wall Street Journal）紙」によると、日本では、ここ20年間の経済停滞にもかかわらず温室効果ガスが7・3%も増加したと述べています。オーストラリアは、1990年から2000年までで何と47・5%も増加し、カナダは1990年レベルで24%増加し、2011年、京都議定書から脱退を表明しました。京都議定書からすでに脱退しているアメリカは、1990年から2000年の間で10・3%の増加です。先進国では、EUがどうにか京都議定書の目標を達成できそうだとウォールストリート・ジャーナル紙は述べています。この結果は、発信元でも食い違っていますが、全体的に見て京都議定書が大きな成果をあげたとは言い難いようです。また京都議定書では、世界最大の中国は途上国の立場から対象外であり、2位のアメリカは議定書から脱退しています。そうすると、京都議定書の加盟国では世界排出量の27％しかカバーできず、議定書の効果そのものについても課題が残されました(18)。

2007年、IPCCが第4次評価報告書を発表しました。その報告書では、気候システムの温暖化は疑う余地はなく、「20世紀半ば以降に観測された世界平均気温の上昇のほとんどは人為起源の温室効果ガス濃度の増加による可能性が非常に高い」という内容でした。IPCCの報告書は科学者が執筆するために、「～温室効果ガスの増加によるものだ」と断定する表現はしません。しかし「可能性が非常に高い」は、英語では extremely likely と表現しますが、この表現を使った場合、発生する可能性は「95％～100％」の場合なのです(19)。前にも述べたように、地球温暖化の問題に取り組む「そもそもの根本的な問題」として「地球は本当に暖かくなっているのか」とか「地球が暖かくなっているのは、本当に私たちの排出する二酸化炭素のせいなのか」という疑問が常にありました。しかしIPCCが1990年に第1回の評価報告書を発表してから、科学者が研究を続け、第4次報告書でこのような「ほぼ断定する」報告書を出したということは、国際社会に住む私たちも真剣にこの地球温暖化の問題に取り組むことが求められてきたということです。

京都議定書の削減期間は２０１２年末で終了し、２０１３年1月から「第2約束期間」と呼ぶ延長期間に入りました。第2約束期間に参加する主要国は、ＥＵ、オーストラリア、ノルウェー、スイスにとどまります。カナダ、ロシア、ニュージーランド、そしてわが国日本も、ＥＵに非難されながらも参加を見送りました。

それでは、日本は地球温暖化や温室効果ガス削減の問題に無関心なのでしょうか。まったくそうではありません。次の3つの表を見てください。それぞれの表は、世界の二酸化炭素排出国・地域別の割合（表３－３）、主要国一人当たりの二酸化炭素排出量（表３－４）、そして主要国ＧＤＰ1単位当たりに必要なエネルギー量（日本を1とした場合）（表３－５）です。表３－３を見れば、日本の二酸化炭素排出量の総量は、世界の国や地域別では世界第6位に入ります。また、中国が世界全体の24％の二酸化炭素を排出し、2位のアメリカの18％をしのいで1位です。しかし、中国（13億人）とアメリカ（3億人）の人口では大きく開きがあるために、中国にしてみれば「人の数が多い以上、二酸化炭素を多く排出するのは当然」という考え方があります。そこで表３－４のように一人当たりの二酸化炭素排出量を比べた場合、アメリカが1位（18・4トン）となりました。つまりアメリカは、総量においては2位で、一人当たりにおいては1位を占めているのですから、二酸化炭素の排出削減は必須と考えられます。日本の一人当たりの排出量も決して少ないとはいえません。これは、

表3－3　世界の二酸化炭素排出量の国・地域別割合（2009 年）

1 位	中国	24%
2 位	アメリカ	18%
3 位	EU	10.1%
4 位	インド	5.5%
5 位	ロシア	5.3%
6 位	日本	3.8%
	その他	33.3%

出所：国際エネルギー機関（IEA）資料。

表3－4　主要国一人当たりの二酸化炭素排出量（2008 年，単位トン）

アメリカ	18.4
ロシア	11.2
ドイツ	9.8
日本	9
イギリス	8.3
中国	4.9
メキシコ	3.8
ブラジル	1.9
インド	1.3

出所：Kirstin Dow and Thomas E. Downing（近藤洋輝訳）
『温暖化の世界地図』丸善出版，2013 年。

表3－5　主要国GDP1単位当たりに必要なエネルギー量（日本を1とした場合）

中国	7.5
インドネシア	6
インド	5.7
マレーシア	5.5
世界平均	5.1
タイ	2.8
アメリカ	2.1
フランス	1.8
ドイツ	1.7
イギリス	1.3
日本	1

出所：日経産業新聞 2013 年 6 月 24 日。

一人当たりの排出量が多いアメリカ、ドイツ、日本、イギリスなどは、先進資本主義国では経済が発達しているために産業活動や個人の日常生活が豊かであり、二酸化炭素を排出する機会が中国やインドのような発展途上国よりも多いからです。よってこのような先進資本主義国は、二酸化炭素の排出削減に努力を惜しんではいけないということは事実です。しかし、先進国の中でも「効率よくエネルギーを使用している国」と「そうでない国」があります。例えば、1つの物を生産するのに、どれくらいエネルギーを費やし、どれくらいの二酸化炭素を排出するかについては国によって差があるのです。ここで生産活動の単位として国内総生産（GDP）をあげ、GDP1単位当たりに必量なエネルギー量を比べたのが表3－5です。表3－5では、日本を最低数値の1という基準として他の国の数値をあげています。つまり、日本がGDP1単位当たりの使用エネルギー量が一番少なく、中国は日本と同じ経済活動をするのに7・5倍のエネルギー量、すなわち7・5倍の二酸化炭素を排出していることになります。アメリカも日本の2倍以上の数値ということは、日本のエネルギー効率はアメリカの2倍良いということになります。世界平均のエネルギー効率と比較しても、5倍の開きがあるのはうれしい驚きです。日本は人口が1億人以上もいる大国で、経済活動が豊かであるがゆえに二酸化炭素の排出も多いのですが、昔からエネルギー効率を高め、排出削減の努力は人一倍（数値の上では世界一）行っており、またその成果も出ているということです。よって、京都議定書の基準年である１９９０年の時点ですでにかなり高いレベルでのエネルギー効率を達成しており、その時点からさらに二酸化炭素をはじめとする温室効果ガスの排出を削減するのは大変なことであったと考えられます。この大変さは「乾いたぞうきんからさらに水を絞り出す」ことに等しいとたとえられました。ですから日本が、中国、インド、東南アジアといった途上国に日本のエネルギー消費技術を普及することは、世界の温暖化対策にとっても有効であり、「京都メカニズム」に認められるような日本の間接的な二酸化炭素削減の実績にもなるわけです。

日本はこれだけエネルギー効率の改善をしているのであり、よって中国やインドのような「巨大な途上国」を含めたすべての主要排出国が参加する法的な枠組みを目指すべきであると主張しました。そして日本は、依然として途上国の参加義務のない京都議定書の第２期約束期間への延長への参加をカナダやロシアとともに拒んだのでした。

一方、中国やインドのような主要途上国は、依然として削減義務を負うべきではないと主張しています。彼らの主張は、現在の中国やインドは「まさに50年前の日本やドイツそのもの」というものです。つまり、50年前の日本やドイツは高度成長期の真只中で、化石燃料も使いたいだけ使っていたというのです。そのおかげで経済成長が実現し、現在の日本やドイツがあると主張しています。しかし50年前には地球温暖化の話などなく、よって日本やドイツは当時は非効率にエネルギーを消費し、二酸化炭素を大量に排出しても誰も文句は言わなかったと中国やインド政府はいいます。それなのに、どうして今同じ状況の中国やインドに対して、二酸化炭素の排出を抑えるような経済活動の縮小を先進国は促すのか、という主張です。そして現在の温暖化を招いた責任は、生産活動で温室効果ガスを大量に排出してきた先進国にあるのだから、現在の温暖化を解消すべく、行動は先進国が行うべきだと途上国は主張しています。彼らの意見も理にかなっています。しかし、10億人以上の人口を抱える「現在の」エネルギー消費大国である中国とインドが「現在において」排出削減努力を行わない限り、今後の世界の二酸化炭素の排出総量の躍進的な削減は期待できるはずがないのも事実なのです。さらに、昨今の中国やインド等の経済発展で、途上国の排出量が今や先進国を上回って逆転していることも忘れてはなりません。

このような意見対立がある中で、国連気候変動枠組条約（UNFCCC）は、すべての締約国が加わる「長期協力のための作業部会（AWG-LCA）」と「京都議定書における先進国のさらなる約束を検討する作業部会（AWG-KP）」に分かれて交渉を進めるようになりました。これを「ポスト京都議定書（京都議定書の後という意味）」の交渉と呼ぶことができます。例えば、南アフリカのターバンで開かれた締約国会議（COP17）では、「すべての締約国が参加する新たな削減枠組みを2015年までに採択し、2020年までに発効させる」ということで合意し、京都議定書も同時に延長することが合意されました。ここでいうすべての締約国とは、アメリカや中国も含まれることになります。カタールのドーハで行われた締約国会議（COP18）では、京都議定書の延長は2020年末までと合意されました。

そして、ポーランドのワルシャワで行われた締約国会議（COP19）において、アメリカがついに「ポスト京都」に向けての温暖化政策に関する提案をUNFCCCに提出しました。それは、従来の京都議定書のような、温室効果ガス全体の排出削減量をUNFCCCが考えてそれを先進国に配分するというやり方ではなく、「自分の国の削減量は、自分たちが決める」という原則です。京都議定書が、上から命令する「トップダウン（Top Down）」のやり方に対して、アメリカの提案は、各国が積み上げていく「ボトムアップ（Bottom Up）」のやり方です。アメリカは、このやり方によって各国の参加意欲が増し、その結果すべての締約国の参加が可能で、締約国自身も自分たちが決めた目標だから責任を持って実行するだろうと考えたのです。そして、外から押し付けられた目標は、自国にとって現実的でないことがあり、その結果、参加や実施に結びつきづらいとアメリカは考えています。さらにアメリカは、各国の目標案を提出後に全体での協議期間を設けることを提案しています。この協議で、各国は他国の目標や削減期間を分析・比較し、そして世界全体の削減量を決めていくという考えです。この方法は、各国がみずからそれぞれの目標を約束（プレッジ：pledge）

表３－６　主要国が国連に提出・登録した2020年までの温室効果ガス削減目標

国・地域	基準年	温室効果ガスの排出削減目標
EU	1990	20％または30％削減
アメリカ	2005	17％程度削減
カナダ	2005	17％削減
ロシア	1990	15～25％削減
オーストラリア	2000	5～15％または25％削減
中　国	2005	GDP1単位当たりCO_2を40～45％削減
インド	2005	GDP1単位当たりCO_2を20～25％削減
日　本	2005	3.8％削減

出所：読売新聞2013年10月31日　筆者加筆。

して、それをお互いに吟味（レビュー：review）する、ということで「プレッジ・アンド・レビュー」と呼ばれています。２０２０年から本格的に始まる「ポスト京都」における新枠組みの目標のあり方について具体的に提案したのは、世界でもアメリカが初めてであり、この「プレッジ・アンド・レビュー」が国際的議論の軸になる可能性が十分にありそうです(20)。その「プレッジ・アンド・レビュー」の流れとして、世界の主要国が２０２０年までの温室効果ガスの削減目標を国連に提出しました（表３－６参照）。

この表からもわかるように、中国やインドといった主要途上国もみずからの排出削減目標を国連に提示したのは大いに評価すべきでしょう。

その中で、日本の２０２０年までの数値目標である２００５年比３・８％減は他国と比べると少ないように思えます。しかし日本は、２０１１年の東日本大震災による原子力発電の停止とそれによるさらなる火力発電への依存により、現在、高い数値目標をあげることは困難です。しかし日本は、前にも述べたように、今までのエネルギー効率を高める努力が実を結び、GDP当たりの排出量世界最小を維持し続けています。自信を持って、「ポスト京都」に向けて国際社会においてさらなるリーダーシップを発揮してもらいたいものです。

現在、日本が力を入れて取り組もうとする対策に「2国間クレジット制度」というものがあります。これは、京都メカニズムのCDMと基本的に同じ内容で、日本が特定の途上国で温室効果ガスの削減事業を行い、削減分を日本の削減実績とみなすことができる制度です。しかしこの制度は、CDMとは異なり国連を介することなく、2国間の合意のみで行う事業です。CDMは国連での認証手続きが煩雑で、時間がかかり過ぎていたといった欠点がありました。この新しい制度の具体的な仕組みは、2国間の協定の下に日本の最新技術で削減できた排出量を計測し、クレジットを認定します。そのクレジットは、日本と途上国の双方の参加企業で分配します。途上国側のクレジットを日本政府が有償で購入することも検討中です。クレジットを手に入れた日本企業は、自主行動計画の目標に使ったり、日本政府に売却したりもできます。そして日本企業は、途上国進出の足がかりになるメリットもあります。現在の2国間クレジット制度として試験的に行われているプロジェクト（パイロットプロジエクト）として、例えば、インドネシアとの再生可能エネルギーを活性化するための地熱発電プロジェクト、モルディブとの海洋深層水利用による空調設備のエネルギー消費削減プロジェクト、さらには中国との省エネ住宅（エコハウス）促進プログラム等があります。「ポスト京都議定書」の枠組みで2国間クレジットが認められれば、国際的にも日本の温暖化ガス削減量に充当できます(21)。一方、地球温暖化の法政策研究の第一人者である高村ゆかり氏（名古屋大学大学院教授）は「途上国の排出削減への支援は重要だが、企業の省エネ投資や低炭素都市・交通インフラ作りをはじめ、国内の低炭素化を抜本的に進める具体的な政策導入が必要だ」と主張しています(22)。この「低炭素」というのは、二酸化炭素の濃度を下げるということです。まず国内の低炭素化に向けて着実な歩みを進めてこそ、日本の高いエネルギー技術を前面に押し出して、国際ルール作りをリードしていくべきでしょう。

地球温暖化問題への対策は、現在においても「先進国対途上国」という構造が完全に解消されておりません。また、先進国内でも意見の食い違いは依然として存在しています。しかし、地球温暖化の問題に対して、早急にかつ実益のある取り組みが要求されています。先進国・途上国にとらわれず、自分たちの国が今できることを着実に実施していくことが、次の世代の人たちのために必要なことであると思います。

コラム⑥ 世界の温暖化対策（ドイツ編）

　EUの中で一番、地球温暖化対策が進んでいる国といったらドイツでしょう。EUが京都議定書で求められた温室効果ガスの削減量は、1990年比でマイナス8％であり、ドイツの割り当てはマイナス21％と高い目標を課せられました。それにもかかわらず、2007年時点でドイツの温室効果ガスの削減量は、1990年比マイナス22・4％となり早々と目標を達成しました。ドイツ政府は、温室効果ガスの削減量を中・長期のスパンで掲げました。それは、2020年までに40％、そして2050年までに80％削減（1990年比）という壮大な目標です。ドイツのこのような大きな成果の背景には、2000年に施行された「再生可能エネルギー法」があります。この法律は、送電網を所有する電力供給事業者（日本でいえば東京電力のような会社）に対して、太陽光、風力、水力、地熱、バイオマスなどの再生可能エネルギーによって発電した電力を、法律で定める価格以上での買い取りを義務付けるものです。法律を作ることで強制力が増し、電力事業者は否応なく再生エネルギーを買わなければならなくなりました。そしてその買取価格も、再生可能エネルギープラントを新たに建設し、操業し続けるのに十分な総コストを回収できる金額に定めているので、建設業者も安心して再生可能エネルギー事業に乗り出すことができるのです。さらにドイツの再生可能エネルギー法では、買取価格を毎年逓減（だんだん減らす）させる制度も導入しました。つまり、早く再生可能エネルギー事業に乗り出した施設ほど電力の買取価格は高いわけであり、事業者に早急の操業を促すことができます(23)。この法律により大きな利益を得た地域もあります。例えば、ドイツ北西部にある71戸・185人の小さな村では、この再生可能エネルギー法の導入により74基の風力発電が設立され、年間4万3000戸分の発電量にあたる電力を供給するまでになりました。その電力を売って得る年間収入は農業収入に匹敵するまでになり、村の過疎化問題を一気に解決したそうです。ドイツは、2030年までに電気の45％を再生可能エネルギーで賄えるよう目指しています(24)。

コラム⑦　世界の温暖化対策（スウェーデン編）

2007年12月7日、ドイツの環境NGO「ジャーマン・ウォッチ」が、インドネシアのバリ島で開かれているUNFCCCの締約国会議（COP13）で温室効果ガス削減の国別実行ランキングを発表し、スウェーデンが前年に引き続き1位になりました(2位はドイツ、日本は残念ながら42位でした)。実際にスウェーデンは、国民一人当たりの二酸化炭素の排出量が先進国の中では最も少ない国(アメリカ19・1トン、日本9・7トン、スウェーデン5・0トン)として注目されています。そのスウェーデンの温暖化対策の中で一番効果があるのが、二酸化炭素税という環境税の導入だと言われています。スウェーデンの二酸化炭素税は、1991年に導入されました。それぞれの生産活動によって発生した二酸化炭素の排出量に比例した税率が徴収されます。つまり、二酸化炭素排出削減に努力した企業や個人が得をし、努力を怠った企業や個人はそれに見合った負担をすることになるので、環境改善への努力が報われる公平な仕組みといえます。この二酸化炭素税の導入により、スウェーデンにおいて地域に熱供給をしている自治体が経営しているエネルギー会社のほとんどが、燃料を石油から木質バイオマスに切り替えました。それは、この税制導入により木質バイオマスの方がコスト安になったためです(25)。この二酸化炭素税導入によって、スウェーデンでは二酸化炭素の排出量が1990年比で10%削減されました。このように環境税を導入することによって、環境への負担が多いものと少ないものの間に価格差が生じます。それによって消費者は、環境への負担を考えるきっかけとなり、温暖化防止のために必要なことを知り、より一層、消費者の行動を変えるきっかけとなります。２００８年、温暖化対策のモデルとして積極的に取り組んでいるスウェーデンに日本の環境ＮＧＯ団体の方が視察に行ったときに、視察団はスウェーデンの消費者の環境への意識の高さを実感したそうです。例えば、街の中は徒歩や自転車で通勤・通学する人が多く、風力発電の電車とバイオマスの市内バスの利用者も多いのです。ガソリンの自動車は少ないといえます。街の各所に貸自転車が設置され、乗り換えも容易になっています。ストックホルムの大型エコホテルでは、ゴミを何と22種類に分別しています。また、アパート・マンションごとにゴミの分別が適切に行われているかチェックされ、不適切と認定されると分別経費が加算されるために、入居者もしっかり分別するのだそうです(26)。政府の環境税改革がスウェーデンの国民一人ひとりの環境に対する意識を高め、その結果、温室効果ガス削減の国別実行ランキング1位を獲得したと考えられます。

【註】

（１）Kirstin Dow and Thomas E. Downing（近藤洋輝訳）『温暖化の世界地図』丸善出版、２０１３年、60～61頁。
（２）Think the Earth Project（編）『気候変動プラス２℃』ダイヤモンド社、２００６年、48頁。
（３）タイム誌編集『地球温暖化―ＴＩＭＥ誌の写真でわかる地球温暖化問題と解決法』緑書房、２００９年。
（４）横山裕道『地球温暖化と気候変動』七つ森書館、２００７年、58頁。

（5）アル・ゴア（枝廣淳子訳）『不都合な真実』ランダムハウス講談社、２００７年、79頁。
（6）Kirstin Dow and Thomas E. Downing, p.64.
（7）九州大学大学院　理学府地球科学専攻　対流圏科学研究分野ＨＰ「サクラの開花と地球温暖化」http://weather.geo.kyushu-u.ac.jp/about_topics/sakura.html.
（8）Kirstin Dow and Thomas E. Downing, p.73.
（9）竹内敬二『地球温暖化の政治学』朝日選書、１９９８年、15～16頁。
（10）Ibid., pp.27-28.
（11）Ibid., p.48.
（12）高村ゆかり・亀山康子（編）『京都議定書の国際制度』信山社、２００２年、６頁。
（13）ＰＨＰ研究所（編）『京都議定書がわかる絵辞典』ＰＨＰ、２００６年、20～21頁。
（14）気候ネットワーク（編）『よくわかる地球温暖化問題』中央法規、２００９年、58頁。
（15）高村ゆかり・亀山康子、17頁。
（16）高村ゆかり・亀山康子、55～56頁。
（17）竹内敬二『地球温暖化の政治学』朝日選書、１９９８年、２５１頁。
（18）日経産業新聞　２０１３年10月８日。
（19）日経産業新聞　２０１４年５月15日。
（20）読売新聞　２０１３年10月31日。
（21）*Nikkei Ecology*, ２０１１年１月。
（22）読売新聞　２０１３年11月30日。
（23）浅岡美恵（編著）『世界の地球温暖化対策』学芸出版社、２００９年、60～83頁。
（24）全日本民医連「低炭素社会に向かう世界をリードードイツ」http://www.min-iren.gr.jp.

（25）イージス未来共創フォーラム「報告書：スウェーデンにおける環境税導入の評価」その2（2006．12．6）http://www.es-inc.jp/library/mailnews/2006/libnews_id001878.html.

（26）いわき地域環境科学会「スウェーデンの地球温暖化防止への対策について」http://www.essid.org/relay-essay-26.html.

第4章

世界の国内紛争化と国際社会の対応：「内政不干渉」か「保護する責任」か

1　東西冷戦時代までの国際紛争

皆さんは、『世界がもし１００人の村だったら』という本（池田香代子著・マガジンハウス出版）をご存知ですか。著者は、この題名通りに、この世界を１００人しかいない小さな村にたとえて次のように語りかけています。「世界がもし１００人の村だったら、70人が有色人種で30人が白人です…」つまり著者は、「世界人口の7割が有色人種で、3割が白人だ」と言う代わりに、このように言うことによって読み手に親しみを感じてもらいたいと考えているのだと思います。それではここで問題です。この『世界がもし１００人の村だったら』の中で、「空襲や襲撃や地雷による殺戮や武装集団のレイプや拉致におびえている人」は何人になると言っていると思いますか。正解は「20人」だそうです。つまり、全世界の20％にあたる人々が「空襲や襲撃や地雷による殺戮や武装集団のレイプや拉致におびえている」のです。このような人々は、言い換えると世界の安全でないところ、もっと正確にいえば、紛争地帯にいる人々を指しているのではないでしょうか。つまり、世界で何らかの武力紛争に巻き込まれている人は世界全体で2割もいる、もしくは全世界の2割もの地域では武力紛争が行われていると考えられます。平和国家日本に住む私たちにとって、この2割という数値は想像したよりも多いと考えるのではないでしょうか。

それでは世界の武力紛争の歴史を遡ってみましょう。皆さんが高校生の時に習った「世界史」という授業を思い出してください。その授業では、古くは古代のアテネとスパルタの戦い、中世はイスラム教国家とキリスト教国家が戦った十字軍の戦い、近代はフランスナポレオンのヨーロッパでの戦い、現代は第1次世界大戦や第2次世界大戦、といったような国家間の戦いを思い浮かべるでしょう。

第2次世界大戦後は、アメリカ合衆国中心の資本主義国陣営とソビエト連邦中心の社会主義国陣営との「冷たい戦争」いわゆる東西冷戦があげられます。これは、アメリカとソ連が直接戦争するのではないのですが（だから「冷たい」というのです）、双方とも核兵器を所有するほど軍備を拡張し、いつでも戦争できるように臨戦態勢に入っていました。しかし第2次世界大戦後は、国家間の戦争が行われていなかったかといえば、決してそうではありませんでした。むしろ戦争は「定期的に」行われていたといえます。具体的にいえば、1950年代には、ソ連と中国の支援を受けた北朝鮮側とアメリカを中心とした国連軍を擁する韓国側で戦った朝鮮戦争、1960年代から70年代にかけては、やはり南北ベトナムにおいて南を支援したアメリカ軍が実質敗北したベトナム戦争、1980年代には、イラン・イラク戦争やイギリスとアルゼンチンがフォークランド諸島の領有権を巡って戦ったフォークランド紛争、1990年代には、クウェートに侵略したサダム・フセイン率いるイラクとアメリカ主導の多国籍軍が戦った湾岸戦争、等があげられます。これは、先ほども「定期的に」と言いましたが、皮肉な推測として、国際社会は10年ごとに世界規模の戦争を故意に始めているのではないかと疑うことができるとも言われています（すなわち、アメリカの軍事産業をはじめとする世界の軍事産業を活性化することは、世界経済の活性化につながるという推測があるのです）。

ところで先ほど述べた朝鮮戦争、ベトナム戦争、イラン・イラク戦争などは、アメリカとソ連が直接対戦しないものの、双方の傘下の国家（アメリカ軍が直接参加した戦争もあります）が、アメリカ・ソ連の代理として戦った戦争として「代理戦争」とも呼ばれています。同様に、中東のイスラエルとアラブ諸国で繰り広げられた4回もの戦争、いわゆる中東戦争（第1回1948年・第2回1956年・第3回1967年・第4回1973年）も米ソの代理戦争ともいえます。ここでは、イスラエルが「アメリカ寄り」で、アラブ諸国が「ソ連寄り」でした。

この東西冷戦時代の国際紛争に対する国際社会の対応は、お世辞にも素晴らしかったとはいえませんでした。国際社会は、第2次大戦直後の1945年、国際平和のために国際連合を設立しました。この国連の中で紛争問題の解決に関して中心的な役割を果たす機関

国際連合安全保障理事会の様子
出所：United Nations Photos より。

として、安全保障理事会というものがあります。この安全保障理事会は、5カ国の常任理事国と10カ国の非常任理事国から構成されました。常任理事国とは「永遠に理事国でいられる国」であり、まさに特権階級のような国です。その国々は、アメリカ・ソ連・イギリス・フランス・中国の5カ国でした。これは、第2次大戦において戦勝した連合国側の主要5カ国を指すことになります。つまり国際連合とは、その言葉が示すとおりに「連合国の集まり」であり、連合国が戦った日本・ドイツ・イタリア等の枢軸国側に二度とあのような侵略行為をさせないためにできた組織であり、決して「国際」という「全世界が加盟」するような組織ではありませんでした。よって国連が設立された直後では、アメリカ・ソ連を含む5大国は「永遠に同盟国であり続ける」と考えていたのです。その結果、安全保障理事会においては、この5大国がすべて賛成しなければ安全保障理事会の決議が採択されないという全会一致の原則を採用しました（詳しく言えば、5大国の賛成を含む15カ国中9カ国の賛成で採択されます）。そして、5カ国のうち1カ国でも賛成せず、いわゆる「拒否権」を発動すると、その決議は採択されませんでした。

しかし現実は、第2次世界大戦後の国際社会は、「連合国（民主主義）VS枢軸国（ファシズム）」の対立構造から、「資本主義国VS社会主義国」の対立構造になってしまったのです。民主主義やファシズムというのは、主に政治のあり方を考えるものです。ファシズムというものは、一部の人間や階級が暴力的な手段をふるって、強制的に独裁的な国家を形成していくことです。民主主義は、非暴力的で、国民が平等に生きる権利を持って、選挙で選ばれた指導者たちを中心にして国家形成していくことです。枢軸国家であった日本も、ドイツも、イタリアも、戦後は早急に民主主義に移行していきました。すなわち、国連創設時における「敵国」は敵国ではなくなり、この3国は1950年代に国連に加盟を果たしました。一方、資本主義と社会主義というものは、主に経済のあり方を考えるものです。資本主義は、その名が示す通りに「資本は自由に流通すべき」という考え方にあります。すなわち、真面目に一生懸命に働いたものは多額の資本（財産）を得る権利があり、そうでないものは、財産を多くは得られないであろうということです。つまり、私有財産を大いに認めています。一方、社会主義を支持する人たちは、資本主義を貫くと貧富の差が非常に拡大し、貧しきものがいずれは富めるものに反旗を翻し、革命を起こすであろうと考え、その結果、私有財産は認めず、資本は国家を中心とする社会で共有し、国民に平等に分配されるべきものであるとしています。

その結果、第2次世界大戦後は、安全保障理事会の5つの常任理事国の中で、アメリカ・イギリス・フランスの資本主義国側とソ連と中国の社会主義国側とで対立するという、国連設立当初は想像していないことが起こってしまったのです。しかし困ったことに、安全保障理事会には拒否権というものが残ってしまっています。その結果、安全保障理事会は、お互いの国益を阻止するがごとく拒否権を乱発し、国際平和を構築するための決議案がことごとく拒否されてしまいました。アメリカにとって有利な決議はソ連が拒否権を発動し、ソ連にとって有利な決議案はアメリカが拒否権を発動してしまいました。しかし今となっては、文字通り「後の祭り」なのです。

2 世界を救った国連平和維持活動（PKO）

このように、戦後のアメリカやソ連をはじめとする大国の国益を優先し公平性に欠いた姿勢と大国間の不和によって、国際平和を形成する試みは失敗していったといえます。そのような状況の中、国際社会では新しい紛争解決手段の構築が必要となってきました。それは、完全な中立性や公平性を保ち、かつ大国の軍事力を主導とするのではなく、小国や中流国家が介入することが理想とされたのです。そこで考案されたのが、国連の平和維持活動（Peacekeeping Operations: PKO）というものでした。

国連ＰＫＯは、１９５６年7月、エジプトのナセル大統領がスエズ運河を国有化宣言したことが発端となります。その運河を商業用に利用していたイギリスとフランスが反発し、同じ中東のイスラエルと共謀しエジプトに全面戦争を仕掛けてしまいました。ここで問題なのは、世界の安全を守るはずの安全保障理事会の常任理事国であるイギリスとフランスが戦争に関与することであり、このようなことは国連を設立する時点では想定していなかったということです。ここで国際社会におけるイギリスとフランスに対する信頼は失墜しました。それと同時に、この中東における「スエズ危機」を大国以外で解決する必要性が生じてきたのです。そこでその当時、国連事務総長であったハマショールドとカナダの外相であったピアソンの二人が、「関係国政府の合意を得ながらもエジプトのシナイ半島における関係国軍の敵対行為停止の監視を行う国連平和維持隊を設立する」という構想を立てました。この国連平和維持隊は、第1次国連緊急隊（ＵＮＥＦ Ｉ）と呼ばれ、後に国連ＰＫＯと呼ばれるも

第１次国連緊急隊（UNEF Ⅰ）
出所：United Nations Photos より。

のとなりました。このＵＮＥＦ Ⅰにみずから軍隊の派遣を希望し受託された国は、ブラジル、カナダ、コロンビア、デンマーク、フィンランド、インド、インドネシア、ノルウェー、スウェーデン、ユーゴスラビアの10カ国でした(1)。この10カ国は、安全保障理事会の常任理事国のような大国ではなく、いわゆる中堅国と呼ばれるような国家です。このように国連ＰＫＯとは、中小国家の軍隊が敵対する２国家の間に立ち、もう二度と戦争や紛争を行わないよう派遣地域のパトロール等をすることにより停戦を監視することが主任務となりました。この国連ＰＫＯの設立に対しては、関係国家がＰＫＯの受け入れに合意をすること、ＰＫＯの軍隊も中立に行動すること、かつ威嚇するような行為はせずに最小限の武装で任務を行うという、「合意」「中立」「最小限の武装」のＰＫＯの３原則ができ上がりました。

つまり国連ＰＫＯは、戦争を強大な軍隊で強制的に止め平和を作り出すというのではなく、かつて戦争をしていたが現在は休戦協定がなされてどうにか平和が訪れたところを「平和的な手段で、その平和を維持する」という役目を担ったのです。当事国家や関係武装勢力も、国連という国際的に公な機関がＰＫＯを通して仲介にやってくるので、いわゆる「顔をつぶすことなく」撤退していくことができます。事実、この１９５６年のスエズ危機において、イギリスとフランスが「名誉ある撤退」をすることができたのも、この効果の賜物です。「国連が言っているのだから仕方なく撤退するのだ」と堂々と撤退できるのです。一方、もし当時国家の軍隊がＰＫＯという国際的に認められた権威ある「関所」を力ずくで通り越して、ＰＫＯ兵士に危害を加えてまで相手方との交戦状態に戻してしまったらどうなるでしょう。そうしたら相当な国際批判を浴びることを覚悟しなければなりません(2)。ＰＫＯは、そのような関係国家との信頼関係によって維持されているのです。

このように国際社会の中での最初の国連ＰＫＯは、国連安全保障理事会の常任理事国が直接関与したために安全保障理事会の機能が麻痺する、という状況の中で生み出されたものです。つまり国連ＰＫＯは、即興的に作り出されたものではありますが、時代の要請に応え「出るべきものとして出てきたもの」とも考えられます。またここで重要なポイントとしてあげられることは、安全保障理事会の常任理事国も「世界の警察官」というものではなく、自分たちの国の利益である「国益」が損なわれると考えれば、戦争を起こしてしまうということです。一方、国連の憲法ともいわれる「国連憲章」においては、その2条において「すべての加盟国は、その国際関係において、武力による威嚇又は武力の行使を、いかなる国の領土保全または政治的独立に対するもの、また、国際連合の目的と両立しない他のいかなる方法によるものも慎まなければならない。」と定めています。簡単に言えば、「国際連合の加盟国は、たとえ相手方に非があると思われても戦争につながるような武力の行使をこちらから仕掛けてはいけない」ということです。つまり、ここでスエズ危機においては、安全保障理事会の常任理事国という、いわば国連のリーダーであるイギリスとフランスがみずから国連の法律である国連憲章の違反を犯してしまったということです。「大国だから素晴らしい」とか「大国だから悪いことはしない」という発想ではなく、どのような国でも場合によっては国際社会の決まりごとである国際法を破ってしまうことがあるということです。

国連PKOはその後、アフリカのコンゴ、中東のレバノンやキプロスやイエメン、アジアではインド・パキスタン等の紛争地域に派遣され、東西冷戦の時代には有効な紛争解決手段として国際社会に貢献を果たしたといえます。

3　東西冷戦後における国内紛争の多発化

　1989年、ドイツのベルリンの壁が崩壊し、同じ年にソ連のゴルバチョフ書記長とアメリカのブッシュ大統領が地中海のマルタ島で会談し、核兵器の削減で合意して、東西冷戦の終結を宣言しました。東西冷戦に幕が下りたのです。東西冷戦が終了したことは、その後の国際関係に大きな影響を与えました。まずアメリカやソ連等政治大国は、それまで自分たちを支持してきた資本主義国家や社会主義国家に対して、今までのような関心や関与がなくなっていきました。つまり東西冷戦時代においては、アメリカやソ連は世界地図における自分たちの「縄張り争い」に夢中になり、自分たちを支持する国家に対して「親分」の如く経済援助や軍事援助をしてきました。しかし、冷戦の終結でアメリカとソ連がもはや敵国同士とはならなくなり、その結果「縄張り争い」もなくなり、自分たちの衛星国家に対して援助していく必要がなくなったわけです。国際紛争の世界においてはどのようになったのでしょうか。アメリカとソ連は、地域紛争における介入への動機付けがなくなっていきました。アジアやアフリカの小国においては、それまで冷戦構造の中で良い意味で緊張を保っていた秩序が崩壊し、各地で民族・宗教間での紛争が勃発していきました。このような国内の民族・宗教紛争は、アジアではカンボジアやスリランカ等で繰り広げられました。ヨーロッパにおいても旧ユーゴスラビアにおいて勃発しました。しかし何といっても、この東西冷戦後に勃発した国内紛争が数的にも一番多く見られたのはアフリカでした。ナミビア、モザンビーク、アンゴラ、ルワンダ、リベリア、シエラレオネ、ソマリア、スーダンといった国家等で、民族紛争や宗教紛争が猛威をふるったのです。

このような国内紛争は、国家間同士の通常戦争とは性質を大きく異にしました。国内紛争の特徴としてまずあげられるものは、一般市民の紛争への関与です。国家間の通常戦争において兵士は国家の軍隊に所属している軍人であり、その軍人が戦う相手も相手国の軍人です。しかし、国内紛争において兵士になるのは一般市民なのです。彼らが戦う相手も一般市民になります。つまり国内紛争では、一民族、一宗教の自尊心やアイデンティティーをかけて、その民族・宗教に属する者たちが総力をあげて戦うことになるのです。その際には、成人に満たない少年たちが兵士になることも珍しくありません（コラム⑧参照）。同様に、女性や子供を含めたあらゆるものが攻撃の標的となってしまいます。とても残酷なことです。

また国家間の通常戦争では、戦争の前には軍人たちによる適切な訓練や軍事教育が施されますが、国内紛争では兵士たちはそのような適切な訓練を受けることはあまりなく、半ば即興的な状況で紛争に駆り出されるのです。そのような事前訓練や教育の代わりに、「わが民族のために」というような同朋意識、アイデンティティー、さらにはナショナリズム（国家主義）を全面的に押し出し、戦闘意識をあおりたてることが多いのです。つまり、人々は「自分たちの民族の存続のために戦うのだ」とその民族の指導者たちに命令され、熱い血をたぎらせ戦場に向かって行ってしまうのです。その際には、ラジオやテレビのようなメディア等が頻繁に利用されます。つまり、毎朝ラジオ等で「○○民族は悪者ばかりだ。だから○○民族を倒すのだ」という言葉を繰り返し聞くようになると、そのような気持ちになってしまいます。このように国内紛争においては、兵士を軍事的に訓練するというよりは、精神的に洗脳していく方法がとられることが多いといえます。

このように兵士が精神的に洗脳されていくことにより、兵士間の道徳的・倫理的感覚は徐々に麻痺していき、戦闘行為はとても残酷なものになっていきます。例えば、銃撃し合う兵士の前に女性や子供を「人間の盾」として置くという反人道行為も見られました。つまり、銃を向けた先に何の罪もない女性や子供が立っていて、その奥に敵の兵士がいた場合、その女性たちを誤って撃ってしまうのではないかという恐怖が生じ、その結果、敵の兵士に向かって撃てなくなるであろうという作戦です。まったく信じられないような作戦です。

またこのような国内紛争は、途上国で発生することが圧倒的に多いのです。途上国のような教育を受ける機会が十分にないところでは、このような戦闘の残酷性というものは防ぎにくいと考えられます。例えばアフリカのアンゴラでは、政府軍（ＭＰＬＡ）と反政府軍（ＵＮＩＴＡ）との戦闘により、１９９３年から94年にかけて30万人、１日換算で１０００人もの死者を出す「世界で最悪の戦争」となりました(3)。

このような国内紛争は、国内経済にも大きな影響を及ぼします。国内紛争では一般の市民が戦争に駆り出されるのであり、つまり一家の働き手の多くが戦争に参加することになり、国内の労働力が急激に減少していきます。また、軍事施設を攻撃の標的とする国家間の通常戦争とは異なり、国内紛争では国内の至るところが戦場となります。すなわち、国内紛争により経済活動の場も急激に減少します。簡単にいえば、それまで重要な収入源であった畑が戦場になってしまうのです。当然ながら、残酷な国内紛争が行われているところには海外からの投資も期待できません。戦争が行われている所に自分たちの会社や工場を作ろうとする人はいないはずです。表４－１は、東西冷戦後に国内紛争が起きた主要国の一人当たりの国民所得（２００５年）とその世界における順位です。

このように、国内紛争の主要国の一人当たりの国民所得の多くは、世界では最下位グループであり、すなわち最貧国に属します。また上記の主要紛争国のうち、ボスニア（旧ユーゴスラビア）はヨーロッパに属しますが、その他はアジア（カンボジア）やアフリカ（その他全国家）という途上国地域に属します。さらに、このような最貧国の紛争地域に自然災害が

表4－1　国内紛争が起きた主要国の一人当たりの国民所得とその世界における順位

主要紛争国	一人当たりの国民所得（2005年，米ドル）	世界順位（世界207カ国中）
ボスニア	3,230	106
ルワンダ	250	199
カンボジア	490	180
スーダン	800	162
コンゴ共和国	1,050	150
シエラレオネ	240	200
リベリア	130	207
ソマリア	公表せず	

出所：2006年世界銀行の資料より。

重なると、事態はさらに深刻化します。例えばアフリカのソマリアでは、１９９０年代の前半には国内紛争により経済（農業）収入が減少し、さらに長引く干ばつが追い討ちをかけ、その結果、ソマリア全土が大飢饉となりました。そしてソマリアでは、人口８００万人の大半が飢餓状態になり、死者は１日数千人にのぼりました(4)。さらにこのような国内紛争の被害者の中には、自分たちの住む土地を追われて国内避難民、あるいは祖国からも逃れて国外で難民になるものも多いのです。難民生活においては、衣食住において最低限度、もしくは最低限度以下の生活を強いられます。衛生問題も深刻化し、伝染病が蔓延することも珍しくありません。

このように発展途上国が国内紛争を行うと、国民は暮らすことができる最低限の生活を余儀なくされ、そこで突発的な自然災害や伝染病の発生等に見舞われると、その国民全体が生存の危機に直面し、国家崩壊の危機となるのです。

このような悲惨な生活状況の中で、人々は穏やかに平静を保って生きていけるはずもありません。生活が困窮すれば身近なところで治安も悪化し、窃盗や略奪が増え、モラルの低下が防げなくなります。このような悲惨極まりない生活を送っているのもすべて、敵対する民族や宗教グループのせいであると人々は考えてしまいがちです。さらに、内戦が長引くことによって自分の家族や身内の者たちの中で紛争の犠牲となり亡くなるものが増えだすと、敵対する民族への憎しみはさらに増大していきます。このような状況になると、内戦はいよいよエスカレートしてしまいます。つまり、国内紛争に終了の糸口が見えなくなるのです。たとえ民族同士が一時的に和解したとしても、基本的な生活環境の改善、道徳的・倫理的学習を与えられる機会、民族指導者の意識改善等が伴わない限りにおいては、紛争は再発してしまいます。オクスフォード大学教授で経済学者のポール・クーリア氏によると、世界の国内紛争のおよそ半分のケースは、たとえ紛争が終了したとしても終了後10年以内にまた紛争が再発してしまうそうです。まさに、国内紛争は始まってしまうと悪循環を繰り返すという「負のスパイラル」に陥ってしまいます。

さらに問題なのは、そのような国内紛争を行っている国家の政治体制の多くは脆弱で不安定だということです。先進国で当然のように実施されている選挙よりも、軍事指導者や特定の部族の指導者が武力によって制圧し、その国の指導者になることが多いのが実情です。また腐敗や賄賂も多く、紛争はその国家や部族の特権エリートの個人的な利益、いわゆる「私腹を肥やす」ための戦いであることが多いのです。言い換えれば、そのような国内紛争の行われているところは悲惨な統治活動をしており、まったく民主的ではないといえます。

それでは、このような残酷で不誠実極まりない内戦構造の状況に対して、国際連合のような国際社会はどのように対応していったのでしょうか。次に、いくつかの事例を述べて説明していきたいと思います。

コラム⑧　民族紛争における少年兵の問題

東西冷戦後にアフリカを中心にして行われた民族紛争では、戦うのは大人だけではありませんでした。子供も紛争に駆り出されたのです。１９９０年代において、世界で戦う少年兵は30万人いましたが、その中でアフリカの少年兵は12万人いたと言われています。特にシエラレオネにおける民族紛争では、少年兵が多く使用されました。両親を紛

アフリカの少年兵（AFP＝時事）

争で亡くした子供たちの多くは、「両親のかたき討ち」という理由をあげられ少年兵になっていきました。武装集団は、少年は大人よりも命令を聞き、長い距離を歩くスタミナを持ち、しかも死んでもダメージが少ないという理由で少年兵を使用していったのです。少年たちも生きるために仕方なく入隊した者も多かったのです。軍隊では、ドラッグ（麻薬）を使用することによって、少年の戦闘に対する恐怖をなくしていきます。ドラッグによって、子供たちは遊び感覚で戦争に参加して行きました。また近年、武器の軽量化のおかげで少年のような非力な者たちも銃を使えるようになっていました。このような少年兵を少しでも多く救い出そうという試みが、NGO団体で行われました。しかしながら、少年兵リハビリセンターと言われるその施設は収容能力が小さく、すべての少年兵を救い出すことができませんでした。そして、せっかくそのセンターでリハビリ活動をしても、結局軍に戻ってしまう少年も多かったのです。なぜなら彼らは何の教育も受けてこなかったために、社会において彼らを受け入れる受け皿がなかったからです。このシエラレオネの少年兵の問題は、ハリウッド映画の「ブラッド・ダイヤモンド」（レオナルド・ディカプリオ主演、2006年）でも取り上げられています。この映画では、シエラレオネのダイヤモンド資源を求めて政府軍と反政府軍が戦闘を繰り広げていますが、そこでは少年兵が無残にも洗脳されてしまい、自分の父親さえも殺そうとしているシーンがありました。シエラレオネの民族紛争では、少年兵同士が最前線で戦い合うことも珍しくなかったのです。国際法によると、少年兵は「17歳以下の少年兵士」を指しますが、実際には9歳とか10歳の少年兵も存在します。国連のユニセフは少年兵をなくすべく訴えを世界に呼び掛けていますが、少年兵はなくなりません。これは、アメリカのような大国が少年兵の問題に対して積極的でないことも理由にあるといいます。なぜなら、アメリカ自身も「テロとの戦い」などで自国民の若い兵士を今後とも必要とし、アメリカ自身が徴兵の年齢を下げていくことも検討しているからだとも言われています（※）。

※紀伊國屋書店・APF通信社 ビデオ『戦場を行く3―闘う少年兵士たち』、1999年。

4　ソマリアでの内戦と「戦う国連ＰＫＯ」

アフリカ大陸北東部のエチオピア、エリトリア、ジプチ、ソマリアといったインド洋と紅海に面する地域は、形が動物のサイの角に似ていることから「アフリカの角（Horn of Africa）」と呼ばれています。この「アフリカの角」の地域は、複雑な民族構造のために紛争が絶えないと言われています。

その複雑な民族構造と言われている「アフリカの角」の中でもソマリアは例外的で、全人口の98％をイスラム教徒スンニ派のソマリ族が占めていました。実際に、１９６０年にソマリアがイギリスとイタリアから独立を果たしたのちに、１９６９年、国軍がクーデターを起こし、その際に最高革命評議会議長になったバーレは、「大ソマリア主義」を唱えました。この「大ソマリア主義」とは、イギリス、イタリア、さらにフランスによる植民地統治と国境線によって分断された民族を統合し、１つの国にまとめあげようとする民族運動のことでした。しかしソマリアは、確かにほぼ単一民族の国家でしたが、ソマリ族はダロット、イサック、ハウィエなど大きく約15、細かく言えば５００以上の氏族集団に分かれていました。氏族とは、共通の祖先を持つ集団、または共通の祖先を持つという意識による連帯感のもとに結束した集団をいいます。ソマリアでは各氏族の結束力が強く、全氏族の調和やバランスを保つのが非常に難しかったのです。ところが大統領になったバーレは、そのバランスを考えずに自分の氏族に国の重要な役職を与えるといった公平感に欠く政治を行ったために、反政府勢力がいくつも現れました(5)。その反政府勢力の1つである統一ソマリア会議（USC）が、1991年、首都モガデシオを制圧しバーレ大統領を追放しました。そしてUSCは、モハメドを暫定大統領に指名したのです。しかし、USCの議長で強硬派のアイディード将軍がこれに反発し、新たにソマリア国民同盟（SNA）を結成し、その結果、モハメド派とアイディード派間で戦闘が激化しました。

ソマリアでは、この内戦に加えて長らく続いた干ばつが人々を苦しめました。その結果、国内が混乱に陥り、1991年には全人口の半分にあたる420万人が飢餓状態にさらされました(6)。

このような状況の中で、国際社会はどのように対応していったのでしょうか。真っ先に動いたのはアメリカの世論でした。このソマリアの大飢饉の状況を全世界のマスコミが取り上げ、ソマリアの裸の子供たちが栄養失調の状態でやせ細っている映像を、テレビを通じて放映していきました。そのマスコミの中で一番詳細に取り上げたのが、アメリカのCNNという放送局だったのです。この飢えに苦しむソマリアの子供たちの映像を目の当たりにして、アメリカでは「アメリカよ。何をためらっているのだ。自らアメリカを世界の警察官と豪語しているのであれば、このアフリカの飢えた子供たちを今すぐに救いに行かないでどうするのだ。」というような世論が次第に高まっていったのです。そこでアメリカが考案したのが、国連PKOの派遣です。しかしこの国連PKOは、東西冷戦時代に行われていたような「合意」「中立」「最小限の武装」を主要3原則とし休戦協定が結ばれてから派遣されるような伝統的なPKOではありませんでした。ソマリアでは、休戦協定どころかいまだ内戦状態が続いていました。ソマリアのPKOの中でも、1992年8月に派遣された第1次国連ソマリア活動（UNOSOM Ⅰ）こそ人道支援活動を保護するものでした。しかし、その後アメリカ主導の多国籍軍である統一タスクフォース（UNITAF）にとって代わった第2次国連ソマリア活動（UNOSOM Ⅱ）は、PKOの主要3原則にとらわれない重武装の「戦う国連PKO」、言い換えれば、平和維持活動（Peacekeeping Operations）ではなく平和執行部隊（Peace Enforcement）と呼ばれる新しい国連の活動となりました。関係する武装勢力からの合意も得られませんでした。そして国連の目標は、ソマリアの武装勢力の中でも、先ほど述べた「人間の盾」を利用する悪質なアイディード将軍派の鎮圧を目指すというものでした。これは中立性を欠くというよりも、国連がみずから新たな武装勢力になってしまったということです。

第２次ソマリア国連活動（UNOSOM Ⅱ）
出所：United Nations Photos より。

この国連ＰＫＯの著しい政策の変更は驚くべきことでしたが、このような政策変更には伏線があったのです。それは、国連がソマリアに介入する1年前の湾岸戦争でした。１９９1年1月17日、クウェートを侵略した独裁者サダム・フセイン率いるイラクと、その侵略に異を唱えるアメリカを主導とする28カ国から構成する多国籍軍との間で戦争が行われました。この戦争は、東西冷戦の終了と大きな関連があるのです。前にも述べたように、東西冷戦が終了したので、アメリカやソ連をはじめとする世界は国際平和の維持や国際安全保障に対する関心が薄れ、イラクはその隙を狙ってクウェートに侵略をしたといえます。さらに重要なこととして、東西冷戦が終了したために、アメリカとソ連の「足の引っ張り合い」がなくなる、すなわち国連安全保障理事会における拒否権の発動が減ったことがあげられます。言い換えれば、安全保障理事会が適切に機能し始めたのです。この湾岸戦争を合法的に支持するものとして、国連の安全保障理事会決議660というものがあります。これは、イラク軍のクウェートからの無条件撤退を要求するものでした。この決議には、アメリカもソ連も賛成票を投じています。つまり、サダム・フセインはアメリカとソ連の共通の敵として認識されたのです。そしてアメリカとソ連は協力して兵士を提供して、同じ多国籍軍の一員として湾岸戦争に参加しています。これは冷戦時代には考えられないことです。その結果、湾岸戦争は多国籍軍側の圧勝に終わりました。イラク軍はクウェートから撤退しました。

この湾岸戦争が国際政治にもたらした影響は多大です。まず、それまで関係がぎくしゃくしていたアメリカと国連の仲が改善されました。これは、国連安全保障理事会で承認された戦争に対してアメリカが多大に協力し、アメリカの軍事貢献により湾岸戦争の勝利を国連側にもたらしたからです。次に、サダム・フセインという敵に対して、米ソをはじめとする世界が1つにまとまったということです。そして強力な軍事力で臨み湾岸戦争に勝利したことにより、国連が自信を深めたということです。国連は、重武装で強制的に平和を作りだそうと臨めば成功するのではないかと考えました。1992年当時のブトロス・ガリ事務総長は、『平和への課題』という声明文を出しましたが、そこでは「戦うPKO」を推奨し次のように言っています。

「休戦協定が成立しても守れないときは、国連がしばしば兵士を送り休戦協定を維持することを要求されてきました。このような任務は、時折ＰＫＯの範囲を越えたりするほど大変なことです。それゆえ、私（ガリ事務総長）は、安全保障理事会が平和執行部隊を明確な環境のもとで利用することを勧めます。その様な部隊は、通常のＰＫＯよりも重武装で、より幅広い準備が必要です」

つまり、湾岸戦争の勝利とアメリカと国連の過信と言えるような自信、そしてガリ事務総長の『平和への課題』が、ソマリアにおける国連によるアメリカ主導の平和執行部隊の設立へとつながっていったのです。

しかし、ソマリアにおける国連の平和執行部隊は成功しませんでした。例えば、第２次国連ソマリア活動（ＵＮＯＳＯＭ Ⅱ）の主目的の１つにアイディード将軍の逮捕がありました。ＵＮＯＳＯＭ Ⅱは、アイディード将軍がある建物に潜んでいるという情報を取得し、その建物を戦闘用のヘリコプターから爆撃しました。しかし実際には、その建物は病院であり、アイディード将軍はいませんでした。いわゆる誤爆というものです。この結果、何十人もの何の罪もないソマリアの人々が犠牲になってしまいました。その地域は、アイディード将軍派を支持する地域だったのですが、この誤爆のせいでさらに国連部隊は非難されることとなりました。また、国連部隊の兵士がソマリアの人々一人ひとりに関門チェックをすることがありました。そこでヨーロッパからの部隊の兵士が、安全確認のチェックのために、ソマリアの女性の体に触れることが多々ありました。イスラム教を信じるソマリアにおいて、家族でない人が直接女性の体に触れるなど許されることではありません。このように、UNOSOMⅡの部隊に参加した兵士の中にはその派遣地域の文化や慣習を理解していないことがあり、不必要な摩擦を生んだこともありました。また、UNOSOMⅡへの派遣国家の中には、トルコやパキスタンといったような同じイスラム教の国家があります。通常の国連PKOにおいては、受け入れ国と派遣国の宗教が同じケースが多いようです。それは、同じ宗教同士ということで、PKOに兵士を派遣することによって平和促進の手助けをしようという絆があるのです。特にイスラム教国家ではこのような傾向が顕著です。今回、トルコやパキスタンの兵士も同じように「イスラムの兄弟（Muslim Brothers）」を救うために、みずから志願してソマリアにやってきたものも多かったのです。しかし現実には、彼らが戦わなければならないかもしれないアイディード将軍派の兵士も同じイスラム教徒なのです。彼らの中には「同じイスラムの仲間を助けにやってきたつもりなのに、どうして彼らと戦わなければならないのか」と不満をもらしたものもいました。ソマリアでの活動は平和執行部隊なのだと国家レベルで理解していても、兵士のレベルまで納得させることはできませんでした。その結果、彼らの士気も落ちて行きました(7)。

ソマリアでの国連平和執行部隊の限界を象徴するものとして、1993年10月3日にアイディード将軍派幹部の逮捕を目指したアメリカ軍の作戦、いわゆる「モガデシオの戦闘」があげられます。この作戦にアメリカは最強特殊部隊を派遣し、作戦は1時間足らずで終了するはずでした。しかし作戦の開始直後に、アイディード将軍派の民兵の攻撃により、2機のアメリカ軍ヘリコプター「ブラックホーク」が撃墜されてしまいます。そして敵地の中心へ特殊部隊の仲間の救出に向かう兵士たちは、泥沼の市街戦に入ってしまうのです。この市街戦は、予定の1時間どころか一昼夜繰り広げられました。この「モガデシオの戦闘」の様子は、アメリカで「ブラックホーク・ダウン」という題名で映画化(2001年、アメリカ)されたほどです。「ブラックホーク・ダウン」を観ると、この戦闘はとても国連傘下の活動とは思えないほど激しくすさまじい戦いであったということがわかります。この戦闘において、アメリカ軍とソマリア市民の双方に多くの犠牲者が出てしまい、市民感情もさらに悪化したのです。そしてアイディード将軍派の兵士たちは、犠牲になったアメリカ兵の死体を市中にひきまわして見せびらかすという非道な行為に出ました。この光景は、CNNをはじめとする世界中のメディアによって海外に伝わりました。その映像を観て、アメリカの世論は一変します。以前の「世界の警察官として、アメリカがソマリアの子供を救わなくてどうするのだ」という意見から「どうして外国の戦争のために、我が国の貴重な兵士がこのような残酷極まりない目に遭わなければならないのか」という論調に変わっていったのです。その世論に押されたこともあり、アメリカは１９９４年3月にソマリアから撤退しました。ＵＮＯＳＯＭⅡ全体も、アイディード将軍を捕まえるという任務を遂行することなく１９９５年3月31日に終了しました。

国連の目指す「戦うＰＫＯ」である平和執行部隊は、このように成功を果たすことができませんでした。その理由は、上記にあげたようにいろいろな要因があげられるでしょう。中でも、利己的な理由として言われていることとして「ソマリアには、大国が根気を持って介入し続けるような国益がないからだ」というものがあげられます。これは「湾岸戦争の多国籍軍派遣の時は、中東には石油資源という守るべきものがあったのに対して、鉱物資源に恵まれていないソマリアには守るべき価値がない。その上に犠牲者が出て割に合わないので、アメリカの主張で国連はソマリアから撤退したのだ」という主張です。これは当たっていないとは言いませんが、最大の理由ではないでしょう。重要な論点としてあげることができるのは、そもそも国連には平和執行部隊を運営・指揮・展開していく能力があったのかということです。１９９１年の湾岸戦争において、国連は確かに安全保障理事会でその戦闘行為を承認しています。しかし、これは国連がアメリカ主導の多国籍軍に戦争の「お墨付き」を与えたのみで、戦争費用はすべて多国籍軍で負担し、戦争の指揮や作戦の展開等もすべて多国籍軍で行いました。ソマリアの平和執行部隊は、それらすべてを国連でやらなければなりませんでした。国連の予算は、東京八王子市の予算と同じくらいしかありません。そのわずかな予算で「戦うＰＫＯ」を実施するのは大変困難です。部隊の指揮や展開に関しても、先ほどトルコやパキスタン兵士の例でも述べたように、高いレベルでの士気や高度な戦術を期待することはできませんでした。そして何より一番問題であったのは、平和的解決で国際平和を目指す国際連合において、重装備で牙をむくような、そして中立性を欠く活動をすることは本質的に適さないということではないでしょうか(8)。このソマリアの国連の活動によって国連ＰＫＯのあり方は再び見直され、従来の伝統的な「合意」「中立」「最小限の武装」といった3原則に基づいたＰＫＯにまた重きを置くようになっていきました。

5　ルワンダの大虐殺と「傍観する国連ＰＫＯ」

ソマリアにおける重武装での中立性を欠く国連平和執行部隊に対する教訓は、3年後に同じアフリカのルワンダで反映されました。

ルワンダは中部アフリカに位置し、西にコンゴ民主共和国、北にウガンダ、東にタンザニア、南にブルンジと国境を接する内陸国です。第1次世界大戦までドイツ領でしたが、1918年にベルギーの移民統治下にありました。そして、1962年に独立を果たしています。

ルワンダは、ツチ族とフツ族という2つの部族から構成されています。一般的にツチ族は遊牧民で、フツ族は農耕民といった区別がされますが、このような生活様式での区別はその意義を失いつつあります。その人口比は1：9、すなわちツチ族は少数派で、フツ族は多数派になります。このような人口比の中で植民地支配を続けたベルギーは、ツチ族とフツ族のどちらを支配階層にしたと思いますか。やはり多数派のフツ族だと思いますか。実際には、ツチ族が支配階層で、フツ族が支配される側にされました。どうして少数派のツチ族が支配層になったのでしょうか。少数派が支配階層になり、多数派が被支配層になると、当然、多数派の者たちは反発します。「我々の部族の人数のほうが多いのに、どうして実権を握ることができないのか。まったく民主的でない。」と怒り出します。そしてこの2つの民族の仲は悪くなり、口論になり、そして争いが始まります。それによってこの2つの部族がお互いに敵であるかのように、紛争が繰り返されることにもなりかねません。実は、このように国内で部族や民族が憎しみ合い、争うことが、植民地支配をする国にとっては「都合が良い」のです。本来、ヨーロッパの列強から植民地支配を受けていた人々は、自分たちの周りにいる同僚たちよりもベルギーのような列強の国々、いわゆる植民地宗主国に対して敵意を抱くものです。なぜなら、宗主国こそ自分たちの領土に土足で入り込むかの如く侵略し、自分たちを支配し、自分たちが作り出した農産物や工業品を宗主国にごそっと持ち帰ってしまうからです。しかし、もし支配されている人々が、自分たち内部でもめていたり、自国の他部族に敵意を抱き合っていたら、その敵意に気持ちが集中し、本来憎むべき植民地宗主国に敵対する感情が薄れてしまうのです。人々は「自分たちの国が貧しいのは、植民地宗主国ではなく、隣の部族のせいだ」と思い込んでしまうのです。宗主国はまさにそのような状況を植民地において作り出そうという試みで、少数派を支配階層にしてきました。このようなヨーロッパの植民地政策は、アフリカだけでなくベトナムやスリランカ等のアジアでも行われていました。

以上述べた社会制度は、ルワンダの歴史において従来のツチ族とフツ族の相互の信頼関係を破壊していきました。そして1962年、ルワンダの独立後、今度はフツ族が政権を握りました。つまり、ツチ族とフツ族の力関係が逆転し、結果的にその後の部族間紛争で数十万人から百万人の死者と数百万人の避難民を出す惨事が繰り広げられたのです(9)。

ルワンダでは、1990年代より隣国のウガンダから援助を受けていたツチ族主体のルワンダ愛国戦線（RPF）とフツ族主体のハビャリマナ政権との間で内戦が激化しました。そして、1994年4月6日にハビャリマナ大統領を乗せた飛行機が撃墜されるという事件が発生した直後に、その報復手段としてのフツ族過激派によるツチ族への大量虐殺が始まったのです。フツ族過激派によるラジオ放送によってその虐殺は煽りたてられ、ツチ族の人々は、中国製の安価な斧を振るフツ族の民兵から無差別に殺害されていきました。そしてフツ族の過激派は、ツチ族の反乱軍によって排除されるまでのおよそ100日間に約80万から百万人のツチ族を殺害したと言われています。

この大虐殺に関して「ホテル・ルワンダ」という映画が作られました。この映画は、2004年にイギリス・イタリア・南アフリカの共同で作成されましたが、アメリカのアカデミー賞候補にものぼったほど有名な映画です。この映画の主人公ポール・ルセサバギナは、ルワンダの一流ホテル「ミル・コリン」の支配人であり、フツ族のルワンダ人です。フツ族によるツチ族への大虐殺が行われている中、ポールはツチ族である妻タチアナや子供たち、さらにはホテルの客やホテルに避難を求めてきたツチ族の人々をフツ族の民兵から守らなければなりませんでした。ヨーロッパの軍隊が恐れをなして次々とルワンダから撤退する中、ポールは、ルワンダ政府軍、過激派民兵組織、国連軍の3者の権力バランスを的確に見抜き、自分の判断能力だけを頼りに奮闘します。そしてついにツチ族反乱軍が救助に来て、周りの者を守り抜いたという英雄談であり、実話に基づいた映画でもあります。この映画でも、生々しい死体の山を映し出す映像が時折流れます。映画であってもそれが現実であったのです。

それでは、このようなルワンダでの部族間紛争そして大虐殺行為に対して、国連や大国を含む国際社会はどのような対応をとったのでしょうか。

国連安全保障理事会は、1993年10月5日、ルワンダ政府とRPF間で結ばれた和平を促進するために、国連PKOである国連ルワンダ支援団（UNAMIR）の設立を決定しました。このUNAMIRの任務は、首都キガリの治安維持、総選挙実施までの国全体における停戦監視、新たな国軍の設立、その他の人道支援でした。翌11月には、約2500名の軍事要員と60名の文民警察官から構成されるUNAMIRがスタートしました。しかし、UNAMIRの設立が決定された1993年10月5日は、前に述べましたが同じアフリカのソマリアでアメリカの特殊部隊がアイディード将軍派の民兵と闘い18名の犠牲者を出した、いわゆる「ブラックホーク・ダウン」の戦闘の2日後であったのです。つまりルワンダの国連PKOは、「ソマリアの悲劇」の影響を受けて始まったといえます。アメリカにとっては、ソマリアで自国の兵士（しかも最強と言われた特殊部隊です）が犠牲になり、アメリカ国民からも痛烈に批判され、「もうアフリカの紛争にはこりごりだ」と思った矢先にルワンダへの介入の話が舞い込んだのです。しかもルワンダには、中東のような守るべき天然資源がありません。つまり、アメリカにとっての守るべき国益が見当たりませんでした。よってアメリカは、UNAMIRへの介入を拒否したのです。アメリカだけでなく国際社会全体、言い換えれば国連加盟国全体がルワンダの和平促進に消極的であったといえます。それでもUNAMIR設立時には、バングラデシュ、ガーナ、ベルギー、チュニジア、ルーマニア、カナダが軍の派遣を受け入れてくれました。

しかし1994年4月に始まったフツ族によるツチ族への大虐殺において、UNAMIRの無力ぶりが露呈されてしまいました。ソマリアでも失敗した原因の1つにあげられますが、UNAMIRのような国連PKOは、休戦協定が結ばれて、不安定にせよ平和に戻った状況を維持するために派遣されるものです。関係者同意のもとに、信頼を勝ち得ながら最小限の武装で国連PKOは展開すべきものです。しかしフツ族が怒り狂ったかのようにツチ族に対して組織的に虐殺を始めると、もうそこには「平和」はありません。PKOという国連平和維持活動は、文字通りに「維持する平和」があって初めて活動できるのです。しかも、少人数で最小限の武装でしかないPKO兵士が、何十倍もの人数がいるフツ族の民兵に対抗することはできないのです。

さらに、フツ族はUNAMIRに対しても敵意を持っていました。特にハビャリマナ大統領を強く支持していたフツ族のグループは、ベルギーがツチ族主体のRPFに肩入れしていると考えていました。そして大虐殺が始まった最初の夜に、10人のベルギー兵士を殺害してしまったのです(10)。そして1994年4月12日にベルギー政府は、自国の軍隊をルワンダから撤退することを表明しました。ベルギー兵の中には、2000人のツチ族が避難していたキガリの公立の学校を警護していた者もいたそうですが、撤退命令に従い、4月17日にその学校を去った後に、それまで学校を取り囲んでいたフツ族民兵が学校内に突入し、その2000名のツチ族は瞬く間に殺されてしまいました。それだけではありません。800人以上の兵士を派遣したバングラデシュ政府も、UNAMIRからの撤退を示唆しました。そしてついに4月17日に、安全保障理事会は、UNAMIRを270名にまで減らすという決議案を満場一致で可決しました。これは、兵力を「270名に減少させる」というよりも「270名を残して全員撤退させる」といったほうが適切でしょう。もちろんその270名にも安全な環境を保証させて、という条件です。安全保障理事会のフランス代表は「我々は、ルワンダ紛争の当事者たちが我にかえり、国連がその場に入ることも平和を強制させることもできないということを理解することを望む」と言っています。そしてUNAMIRの兵力は、4月30日には620名になり、その後400名足らずにまで減少しました。前に紹介した「ホテル・ルワンダ」の映画においても、このシーンをはっきり映し出しています。ホテル「ミル・コリン」周辺においても、フツ族がツチ族を無差別に殺害している中、ヨーロッパ軍がついに介入してきたかのように見えました。ポールをはじめホテルに避難していた人は喜んだのもつかの間、そのヨーロッパ軍は、外国人、つまりルワンダ人以外の者を国外に無事に退去させるためにやってきたことを知るのです。そして雨の降る中、海外ジャーナリストや政府関係者などの外国人たちは、申し訳なさそうにバスに乗り込み、後ろ髪をひかれるようにホテルを去っていきます。ポールをはじめとする残されたルワンダ人は呆然として絶望感を抱き、そして雨に濡れながらもバスが去っていくところを見送るシーンです。

簡単に言えば、国連は、そして国際社会はルワンダを見捨てたのです。確かにアメリカ政府代表は「今、ルワンダで部族紛争が起きているということは認識しています」と表明していますが、「それが虐殺のレベルにまで達していることは確認していない」という発言もしています。しかしその一方で、アメリカで最も主流の新聞であるニューヨーク・タイムズは、4月19日に国際赤十字の報道官が、ルワンダの首都キガリ周辺では少なくとも40万人の人々が避難し、数十万の人々がすでに殺されているということを報告しているという内容の記事を出しています。アメリカ政府が、このニューヨーク・タイムズの記事を知らなかったとはとても思えません。

このように、大国がルワンダに対して半ばあきらめムードが漂いかけた頃、ニュージーランドをはじめとする多くの小規模国家が、安全保障理事会に対して再び行動を起こすように促しました。その結果、1994年5月17日、安全保障理事会は、兵力5500名から成るルワンダにおける新たな国連PKOである第2次国連ルワンダ支援団（UNAMIR Ⅱ）の派遣を決定しました。しかし、このUNAMIR Ⅱに軍隊を積極的に派遣する国はほとんど現れなかったのです。5500名のPKO兵士の予定が、最初は354名しか集めることができませんでした。国連は、50カ国にUNAMIR Ⅱへの兵士派遣を打診したのですが、前向きな回答を得られたのはエチオピアだけでした。他にも少数の兵士を派遣したのは、コンゴ、ガーナ、ナイジェリア、セネガル、ザンビア、そしてジンバブエというアフリカ諸国だけでした。欧米諸国は、1国もPKO要員を提供してくれませんでした。そのようにUNAMIR Ⅱの要員が十分に確保できない旨を、国連事務総長が安全保障理事会に報告した6月20日には、すでにUNAMIR Ⅱ設立の決議から1カ月以上がたち、その間にも国連難民高等弁務官事務所（UNHCR）からの報告によると、国外に脱出したルワンダ難民は51万4000人、国内避難民は140万人、そして殺害された人々は20万人から50万人と推測されました。そして国連事務総長は、UNAMIR Ⅱの他に新しいオペレーションの必要性を考え、フランス軍を中心とする重武装の多国籍軍を要請しました。そのフランス主導の多国籍軍は同年6月に設立され、住民・難民保護および人道支援にあたりました。この多国籍軍は約2カ月続き、その間フツ族民兵は隣国に逃げ、ツチ族主導のRPFは同年7

月にはルワンダ全土を掌握し、大虐殺はなくなりました。ＵＮＡＭＩＲⅡも、１９９６年３月に撤退・終了しました。

しかし、１９９９年4月から7月の間に殺害されたルワンダ人は、80万人とも１００万人とも言われています。これは明らかに、国連をはじめとする国際社会のルワンダへの過小介入によるものです。事実、国連はその後みずからのルワンダへの政策を省み、ＵＮＡＭＩＲの要員を２７０名に削減することを安全保障理事会で決議した１９９４年4月17日を「国連の歴史で一番恥じるべき日」という者もいました。また、１９９９年当時アメリカの大統領であったビル・クリントンは、メディアに対して「当時、アメリカ政府は地域紛争に自国が巻き込まれることに消極的であり、ルワンダで進行していた殺戮行為をジェノサイド（大虐殺）と認定しなかったことを後に後悔した」と述べています。また１９９９年当時、ＵＮＡＭＩＲを指揮していたカナダの司令官は、ＵＮＡＭＩＲの増員を国連に申し出たものの受け入れられず、虐殺期間も積極的な人命救助ができず、自責の念から１９９４年8月に司令官を辞任し、カナダに帰国してからも、うつ病に悩まされたそうです。つまり、現場の国連ＰＫＯ要員の人々も「ツチ族の人たちを助けたいのに助けられない」というジレンマに苦しんでいたのです。

以上をまとめると、国際社会は湾岸戦争で自信を取り戻し、ソマリアのＰＫＯで自信過剰になり、その結果、過度な介入して失敗し、また自信を喪失したルワンダでは「ソマリアの二の舞になりたくない」という気持ちから過小な介入になり、その結果、大勢のルワンダの人々が亡くなってしまいました。東西冷戦後の世界の国内紛争に対して、国連ＰＫＯを派遣してきた国際社会は、その解決の糸口が見えなくなってきたかのようでした。

6 「内政不干渉」か「保護する責任」か

以上のように述べると「どうして国連や国際社会は、国内の民族紛争を上手に解決できないのだろう」と疑問に感じると思います。これは前にも述べたように、この国内の民族紛争というものは、東西冷戦後に多発した新しい紛争の形だったからです。しかし、それだけではありません。国際社会は、以前より「内政不干渉の原則」に従ってきたことが大きな理由でもあります。「内政不干渉の原則」とは、その言葉が示す通り「1国内の事柄に外国がいちいち口を出すべきではない」ということです。別の言い方をすれば、世界の出来事はいろいろあるけれども、その国家が決めることは尊重し、それに対して外部が干渉することはやめましょう、ということです。これを「国家主権」の原則といいます。この国家主権は、1648年のウェストファリア条約で形成されたと言われています。この条約がヨーロッパ諸国間で締結されるまで、ヨーロッパは30年戦争という宗教戦争に巻き込まれていました。キリスト教を信ずる人々や国家が、教皇側につくのか皇帝側につくのかを巡って争っていたのです。このウェストファリア条約によって、ヨーロッパにおいて30年間続いた宗教戦争に終止符が打たれ、条約締結国は相互の領土を尊重し、内政への干渉を控えることを約束し、新たなヨーロッパの秩序が形成されるに至りました。この国家主権の原則は、現在の国連憲章の2条にも保障されて次のように明記されています。

2条7項
　この憲章のいかなる規定も、本質上いずれかの国の国内管轄権内にある事項に干渉する権限を国際連合に与えるものではなく、また、その事項をこの憲章に基く解決に付託することを加盟国に要求するものでもない。

よって、1648年から東西冷戦終了の1980年代の後半まで、この国家主権そして内政不干渉の原則はゆるぎないものとなっていました。例えば、この世の中には国内法と国際法の2種類の法律が存在しています。日本国憲法は国内法であり、国連憲章は国際法です。しかし現実には、国家には国内法において、平和な社会を維持するために、政府、軍隊、警察、裁判所があり、そのような機関には強制力があります。つまり私たち国民は、警察や裁判所の決定に従わなければならないのです。しかし国際社会ではどうでしょうか。国連は、世界政府ではありません。国連が所有している軍隊もありません。国連ＰＫＯの軍隊は、加盟国が一時的に国連に派遣している軍隊に過ぎないのです。国連警察もありません。安全保障理事会もある程度強制力はあるのですが、国内の警察の機能と比べるとほんの一部に過ぎないのです。つまり現在の国際社会においては、「国家主権の原則」に基づいて、国際法よりも国内法の方が充実しており、国内法を国際法よりも優先して国家の政策は決められていきます。

具体的な例をあげてみましょう。１９９１年の湾岸戦争の時に、世界の28カ国がアメリカのリーダーシップのもとに、さらに国連の安全保障理事会の承認のもとに多国籍軍を設立しました。国連憲章によれば、42条に「安全保障理事会は・・・国際の平和及び安全の維持又は回復に必要な空軍、海軍又は陸軍の行動をとることができる。」というように、国際平和の維持を著しく損なうものに対して国連軍の設立とそれに対する軍事行為を国連は認めています。そしてアメリカも、日本に軍事貢献をせまりました。しかし、日本はその要請を断ったのです。それは、国際法の国連憲章よりも国内法の日本国憲法９条の「戦争放棄」の原則を優先したからです。

しかし、そのような「国家主権」や「内政不干渉」を、東西冷戦後のソマリアやルワンダのような残酷で非人道的な民族紛争や部族紛争に適用すべきかどうかについては議論の余地が残ります。ましてや国際社会全体が、途上国で行われているこの悲惨な国内紛争に対して「内輪もめは避けられないのだ」と傍観していたのかといえばそうでなかったのは、ソマリアの例でも説明した通りです。この冷戦後の国内紛争の悲惨な状況（大虐殺、人間の盾、飢饉、伝染病）においてもなお、その民族や宗教の指導者たちが国内紛争を続けようとする状況、または「負のスパイラル」に陥り国内紛争から抜け出せない状況を、国際社会は「人道的に問題である」すなわち「人道的危機」と判断し、みずからその問題に関わろうとしたのです。

このような状況の中で、従来、現実主義者の間で主張され続けていた「国家の安全保障中心主義」というものに疑問を持つものも多くなってきました。確かに、国家の安全というものがなければ、そこに住む国民の生活も安定しません。しかし、民族や国家のリーダーによる倫理観に偏った政治によって、その国民が安心して生きられないばかりか、その生命までも危ぶまれたときに、国際社会や諸外国の人々は傍観できるでしょうか。このようにして、従来の「国家の安全保障」のみならず「人間の安全保障」という概念が広められていきました。この「人間の安全保障」という言葉を世界で最初に公の場で使用したのは、日本の小渕恵三首相であったことは特筆すべきです。彼は、1998年12月「アジアの明日を造る知的対話」において人間の安全保障についての考え方を表明し、その後、国連に5億円規模の「人間の安全保障基金」設立のための拠出を行うことを表明しました。具体的には、国連を通して日本政府は、タジキスタン、コソボ、東ティモール等の国家に、医療、教育、食糧部門等での財政援助を行ってきたのです(11)。

また「人間の安全保障」は、開発の分野に留まらず、軍事的な面でも介入する概念が生まれました。つまり、ソマリアやルワンダで見られたアジア・アフリカ地域における「人道的危機」を解決するために、軍事面において「人道的介入」をするということです。言い換えれば、国内紛争において、国民に対して深刻な人権侵害が起こり、その国民に対して大規模な苦痛や死がもたらされているとき、他の国家がその国の同意なしに軍事力をもって介入することができるということです。前述した1994年のルワンダ大虐殺や、1995年のボスニアのスレブレニッツァの虐殺等を国際社会が食い止めることができなかったことで、「人道的介入」という概念は一層広く奨励されるようになりました。例えば1999年、ユーゴスラビア連邦共和国のコソボ自治州（現在のコソボ）において、セルビア人勢力によるアルバニア系住民の虐殺を止めるという目的で、北大西洋条約機構（NATO）はコソボのセルビア人勢力の軍事基地に対して大規模な空爆を実施しました。これはNATOが、ミロシェビッチ大統領率いるセルビア人勢力によるアルバニア系住民に対する反人道的戦争犯罪を国際法の重大な罪とみなし、その行為が「人道的に」許されるべきではないとして、武力をもってこれに対応したのです。ミロシェビッチ大統領は、国内紛争において残虐行為を指揮した独裁者として国際社会から非難され、その後拘束され、国連旧ユーゴスラビア国際戦犯法廷（オランダ・ハーグ）にて人道に対する罪で裁判が行われました(12)。1648年のウェストファリア条約以降、国際社会において絶対的存在として保護されていた国家主権は、ソマリアやルワンダ、さらにはユーゴスラビアにおいて国際社会が人道上の理由で軍事的介入をしたこと、そして国家の最高責任者が国際刑事裁判にかけられたことにより、その原則が揺らぐことになりました。このコソボにおけるNATO軍のセルビア人武装勢力への空爆には、賛否両論がありました。すなわち一方では、この旧ユーゴスラビアの国内紛争に対する諸外国の軍事的な人道的介入は、見方を変えれば「外部の争いに対して、自国の軍隊に犠牲者を出すというリスクを覚悟で、その争いに介入する」ということであり、それは自国本位ではなく、純粋に利他的な行為であると考えられます。しかし他方において、このNATO軍の空爆は、国連安全保障理事会の承認を得られないまま実施され、国際法上、正当な武力介入ではないとの批判も受けました。

この「人間の安全保障」や「人道的介入」という概念は、「保護する責任」というさらなる新しい概念を導き出しました。この「保護する責任」の定義は、⑴国家主権は人々を保護する責任を伴う、⑵国家が保護する責任を果たせない場合は、国際社会がその責任を務める、⑶国際社会の保護する責任は不干渉の原則に優先する、以上3つであるといいます(13)。言い換えれば、どこかで人道的に被害を受けている人たちがいた場合、それを見たものが保護すべく介入をする責任があるということである。「保護したほうが良い」ではなく「保護しなくてはならない」という強制力が増したのです。具体的には、2001年12月、国連事務総長の要請に基づきカナダで行われた「介入と国家主権についての国際委員会（The International Commission on Intervention and State Sovereignty）」において「保護する責任」についての明確な規定が設けられました。すなわち、前述のコソボにおけるNATO軍の空爆の正当性を巡る議論を踏まえ、国連事務総長が、外部組織による軍事的介入を行う際の基準を明確にする必要性を強く実感したからです。

その国際委員会の報告書では、人々を保護するための外部からの軍事介入は最後の手段であって、危機予防や平和的解決が成功しなかった場合に実施される例外的措置でなければならないと規定されています。介入規模は、目的確保のための最小規模のものであり、介入することにより迫害停止等の合理的な成算が見込まれなければなりません。また実際に軍事介入するのは、大規模な人命の喪失や民族浄化といったような重大で取り返しのつかない迫害が加えられている時に限定されています。国連もこのような大規模な人命の損失や民族浄化の訴えがあり、介入の要請があった場合は、ただちに対処しなければならないとしています(14)。この国際委員会の報告書は、国家における主権に最大限に配慮するような慎重な文面も多くある一方、国民を保護するための具体的な規定を設けることにより、今後、国際社会の一国への軍事介入が正当化されることになったことは意義深いといえます。これは明らかに、ルワンダで行われた戦争犯罪や大虐殺の際に、国連PKOであるUNAMIRが現地に駐留していながら無力であったという反省に基づいています。すなわち、国家や国際社会は、過去の反省や教訓を生かし、より平和な世界に向けて相互に理解し合うことが実践されていることになります。

このように、東西冷戦が終了し、反人道的な民族・宗教紛争が勃発し、国民が迫害され、その命が危ぶまれるような事態になった時に、国際社会は「人間の安全保障」「人道的介入」そして「保護する責任」という考えを追求し実践化していき、そしてそれを試行錯誤しながらも改善していこうとする国際社会の行動は大いに評価できます。

しかし、この「保護する責任」という概念が主流になったとはいえ、「内政不干渉の原則」がまったくなくなったわけでは決してありません。「国家主権」は、現在の国際社会において揺るぎ難い原則です。国家主権が維持できないほど例外的に崩壊した国家や腐敗した政治体制が見られたときにのみ、「保護する責任」という原則が提唱されるのです。また、国連の安全保障理事会の常任理事国の中でも、中国とロシアは依然として「内政不干渉の原則」を強く主張しています。例えば、２０１１年から続く中東での民主化問題、いわゆる「アラブの春」と言われている運動の中で、シリアのアサド大統領は、民主化を求め大統領の退陣を要求する一般民衆に対して軍に虐殺を命令しています。このようなシリア政府軍に対して、国際社会の中には多国籍軍の派遣を提案している国家も多々ありますが、中国やロシアは「それは内政干渉にあたる」として反対しました。

また、人道的な理由での軍事介入に反対する人たちの中には、国家主権の問題よりも「軍事介入そのもの」に疑問を持つ人たちもいます。彼らは、軍事介入すると、空爆などで必ず誤爆があり無実の市民が犠牲になるので、無理な軍事介入はすべきでないと主張します。一方、「保護する責任」の概念に沿って人道的な軍事介入を推進する人たちは、軍事介入をしなければ、独裁者や反人道武装グループによって無実の市民が犠牲になるのではないかと主張します。

国際社会は、残酷極まりない、反人道的な国内紛争に対してさまざまな試行錯誤をしてきました。ソマリアやルワンダの国連ＰＫＯでも大きな課題が残りました。「保護する責任」という概念に対しても、国際社会はまだ一枚岩にはなっていません。

表４－２　国連 PKO の展開状況（2014 年 4 月末現在）

国連 PKO 名称	設立年月	総要員数
国連休戦監視機構（UNTSO）	1948.6 ～	155
国連インド・パキスタン軍事監視団（UNMOGIP）	1949.1 ～	39
国連キプロス平和維持隊（UNFICYP）	1964.3 ～	925
国連兵力引き離し監視隊（ゴラン高原）（UNDOF）	1974.5 ～	1,256
国連レバノン暫定隊（UNIFIL）	1978.3 ～	10,538
国連西サハラ住民投票監視団（MINURSO）	1991.4 ～	234
国連コソボ暫定行政ミッション（UNMIK）	1999.6 ～	17
国連リベリアミッション（UNMIL）	2003.10 ～	7,094
国連コートジボワール活動（UNOCI）	2004.4 ～	9,014
国連ハイチ安定化ミッション（MINUSTAH）	2004.6 ～	7,638
ダルフール国連・AU 合同ミッション（UNAMID）	2007.7 ～	17,994
国連コンゴ（民）安定化ミッション（MONUSCO）	2010.7 ～	21,176
国連アビエ暫定治安部隊（UNISFA）	2011.6 ～	4,128
国連南スーダン共和国ミッション（UNMISS）	2011.7 ～	8,975
国連マリ多面的統治安定化ミッション（MINUSMA）	2013.4 ～	8,255
国連中央アフリカ多面的統合安定化ミッション（MINUSCA）	2014.4 ～	未発表

出所：国連ホームページ等。

7　国際機関（国連）と地域機関の任務分担

2001 年 9 月のアメリカ同時多発テロ（AFP＝時事）

２００１年9月11日、アメリカで同時多発テロが起こりました。アルカイーダというイスラム教原理主義のテロリスト集団がジャンボジェット数機をハイジャックして、アメリカ・ニューヨークの世界貿易センタービル2棟とワシントンのアメリカ国防総省の建物に対してジェット機ごと飛び込んでいくという前代未聞の自爆テロを敢行し、約３０００人もの人々の命が奪われました。アメリカの富の象徴である世界貿易センタービルを破壊することにより、テロリストたちはアメリカ主導の西洋型資本主義に対して多大なる挑戦状をたたきつけたといえます。このイスラム教原理主義者たちによるアメリカへの同時多発テロの原因は、いろいろな側面から考えられますが、中東地域におけるアメリカの外交政策がその1つと思われます。中東地域において、アメリカは一般的にイスラム教徒が多いアラブの国々（イラクやシリアやサウジアラビアなど）よりも、そのアラブの国々が敵対するイスラエル（ユダヤ教信者が多い）を支持することが多いのです。よって、アラブの人々の多くは、アメリカに大きな不満を抱いています。またイスラム教原理主義者たちは、第2章で述べたような世界経済や文化のグローバル化に対して反対の立場を取っています。よって、そのグローバル化の立役者であるアメリカに対して敵意を抱いていると考えられます。

アメリカは、この同時多発テロの首謀者をサウジアラビア出身のオサマ・ビンラーディンと断定し、そのビンラーディンをかくまっているとされるアフガニスタンのタリバン政権に対して「テロとの戦い（War on Terror）」に踏み切りました。これはアメリカの単独行動ではなく、アメリカとイギリスをはじめとする北大西洋条約機構（ＮＡＴＯ）中心の有志連合（他にフランス・カナダ・ドイツ等）で構成されました。

ＮＡＴＯはもともと、東西冷戦時代に、アメリカ率いる西側資本主義国の敵国としてのソ連およびその同盟国に対して設立された軍事同盟です。ソ連側も同様に、東欧諸国とともにワルシャワ条約機構という軍事同盟を設立しました。しかし、東西冷戦が終了しソ連が崩壊した後にワルシャワ条約機構はなくなり、ＮＡＴＯの存在意義はなくなってしまいました。

NATOは、自分たちの国益に関わる場所の地域紛争に介入することを、新たな任務として存続をすることになりました。そして、「テロとの戦い」もNATO加盟国の安全を守るために必要であると判断し、そこにNATO軍を派遣することはNATOを存続させるためのいいチャンスでもあったといえます。

NATO主導の有志連合は、2001年10月よりアフガニスタンで空爆を開始し、翌11月にはタリバン政権に代わって、NATO側についた北部同盟が首都カブールを制圧しました。タリバン政権は消滅し、NATO軍のテロとの戦いは一応成功に終わりました。その後のアフガニスタンは、NATO主導の国際治安部隊（ISAF）によってその治安が守られることとなりました。ISAFは国連軍ではありませんが、その設立は国連安全保障理事会（決議1386）で承認されています。つまり、ISAFは「国連が支援している非国連部隊」ということができます。2009年、ISAFは、NATOとNATO非加盟国を含めた42カ国より派遣された6万7700名の規模にまで拡大しました。

NATO軍の「テロとの戦い」に関しては賛否両論があり、この戦いはテロを撲滅させるための重要な戦いであるという賛成意見が多い中、タリバン政権に対しての武力行使はアメリカの過剰反応であるという反対意見も少なからずありました。しかし、9・11の同時多発テロ以降のアフガニスタンの安全保障は、国連という国際機関ではなく、NATOという欧米の地域軍事同盟によって守られたということは確かでしょう。それでは、どうして国連ではなくＮＡＴＯだったのでしょうか。まず、２００１年9月に同時多発テロが起きて、アメリカはすぐにでもタリバン政権率いるアフガニスタンを攻撃する必要がありました。しかし、その攻撃を国連に依頼するのであれば、その手続きや軍事派遣国を募ることに多くの時間を要することになったはずです。国連といえども「お役所」であり、やはり幾重もの手続きが必要になり、これが時間的に多大なロスとなったはずです。しかし、「テロとの戦い」であるアフガニスタン紛争とその後のアフガニスタンの治安維持活動をＮＡＴＯに主導においた一番の理由は、ＮＡＴＯの軍事力の強さでしょう。何といっても、戦う相手は「国際テロリスト」です。緻密な訓練と非人道的な戦略をもって臨むテロリストに立ち向かうには、国連ではなく、強い軍備を誇る欧米部隊から成るＮＡＴＯ軍に頼る方が賢明だったのです。また、このアフガニスタン紛争によってタリバン政権は消滅したものの、タリバンそのものが消滅したわけでもありません。タリバンは、アフガニスタンがカルザイ率いる親米政権に統治されるようになってからも、巨大な武装グループとして一般市民や政治家等を標的とするテロ攻撃を続けました。そのようなアフガニスタンの治安を守る部隊には、途上国主体の国連ＰＫＯよりも重装備で臨めるＮＡＴＯ軍主体のＩＳＡＦの方がふさわしかったといえます。また、国連ＰＫＯでは経済的な問題があります。２０１４年1月現在、ＩＳＡＦでは48

カ国から構成される約5万人の兵力が展開しています。以前はその2倍以上の兵力が駐留していました。そのような治安維持部隊を維持する財源は、国連にはありません。

言い換えれば、国際社会の治安を維持するためには、国連のような国際機関とNATOのような地域機関での「役割分担」がなされてきたのです。紛争が終了して、その紛争を再発させないために外国兵士がパトロール等をしてその国の治安を維持していくには国連PKOがふさわしく、対テロ戦争や重装備の武装グループによるテロ攻撃やゲリラ戦でその国の治安が著しく悪化している地域には、より重武装の地域機構の治安維持部隊がふさわしいといえます。

このような国連に代わって大国が主導する治安維持活動は、アフガニスタン以外にも旧ユーゴスラビアのコソボ（NATO軍）や東ティモール（オーストラリア軍やニュージーランド軍）やスーダン（アフリカ連合（AU）軍）などがあげられます。このようなところでは国連も駐留していますが、この大国の軍隊が治安維持に主導的な役割を果たしています。コンゴ民主共和国では、国連PKOが展開していますが、短期的に治安が悪化した時にEU軍が一時的に介入して治安の悪化を防いだこともあります。

このような強大な武力活動を伴う治安維持部隊の投入に、国連がふさわしくないのには根本的な理由があります。国連は、そもそも第2次世界大戦のような悲劇を二度と繰り返さないために設立されたものです。もちろん、集団的自衛権や国連憲章7章のような加盟国の武力行為を認める事項もありますが、根本的には話し合いや和解による平和的解決が尊重される組織です。戦後、国連PKOが大国主導の安全保障体制に代わり大きな役割を果たせたのは、国連PKOが「合意」「中立」「最小限度の武装」という3原則をもとに「できるだけ平和的に解決しよう」とする努力があったからです。

NATOやEUやAUのような地域機構が、その地域の紛争解決に主導的な役割を果たすことには別の有利な点があります。それは、その地域の国の軍隊は（国連PKOのようにほかの地域から派遣される軍隊と比べて、その土地の事情に詳しいということです。特にジャングルのような未開の土地での活動は、その地域の事情に精通している地元の軍隊に頼るのが一番です。さらに、地理的なことに限らず、地域の人々は文化や伝統に詳しいことも重要です。例えば、地域機構による治安維持活動に参加している軍隊と、その国で活動している政治グループや武装グループが同じ宗教であることは、双方にとって都合がよいといえます。

このように、現代社会においては「紛争」といっても、小さな部族衝突から、他民族に対する大虐殺を伴う残酷な紛争、さらにはテロ攻撃というような無差別な殺人行為までさまざまです。このような社会においては、アメリカのような大国一国だけで対応するのは不十分であり、国連のみに頼ることにも限界があります。地域機構のような組織にその強みを生かしてもらい、国際社会は幾重もの紛争対策が必要になってくると考えられます。

コラム⑨　世界の武器輸出および武器供与と軍事介入の矛盾

スウェーデンのストックホルム国際平和研究所（SIPRI）は、2014年3月に2009～2013年の世界の武器取引に関する報告書を発表しました。それによると、武器輸出国のトップ5は、アメリカ（全体の29%）、ロシア（27%）、ドイツ（7%）、中国（6%）、フランス（5%）の順でした。主な輸出先は、パキスタン（47%）、バングラデシュ（14%）、ミャンマー（12%）でした。ところで、アフリカの民族紛争で使用されている武器の多くも、このような武器輸出大国で作られた物が多いのです。そのような国で作られた銃などが、巡り巡ってこのような民族紛争に使用され、民族浄化や大虐殺のような反人道行為の道具に使用されてしまいます。この民族紛争を解決する中心的な役割を果たしているのが安全保障理事会の常任理事国であり、この武器輸出大国の代表国なのです。すなわち、アメリカやロシアや中国などの常任理事国は、自分たちが輸出した武器がもとで行われている民族紛争を自分たちが止めようとしており、中には自分たちが国連ＰＫＯの兵士を送ってその武器を取りあげていることもあるという矛盾が生じています。特に、中国の近年における国連ＰＫＯに対する人員の派遣は目ざましく、２０１４年４月、中国は２１８０名のＰＫＯ要員を世界の紛争地域に派遣しており、この人数の多さは世界14位にランクされています。しかし、中国がこのように多くの武器を輸出しなければ、中国自身も国連ＰＫＯに多くの兵士を派遣せずに済んだのかもしれません。同様な例が、アメリカの武器供与にも当てはまります。アメリカ兵が２００１年以降、アフガニスタンで武装グループであるタリバンと戦闘を繰り広げることがありますが、タリバン兵がアメリカ兵に対して使用する武器の中には、１９７０年〜１９８０年代のアフガニスタン紛争（ソ連とアフガニスタン兵士との戦い）でアメリカから供与された武器が残っていると言われています。また、２００３年に始まったアメリカのイラクでの対テロ戦争でも、イラクのテロリストたちは、１９８０年代のイラン・イラク戦争の際にアメリカから供与された武器を使用してアメリカ兵と戦っていることもありました。アメリカ兵は、昔自国が供与した武器によって攻撃を受けることもあったということです。これは、国際社会が大国の武器輸出や武器供与について深く考えさせられるエピソードです。

【註】

（1）香西茂『国連の平和維持活動』有斐閣、1991年、80頁。

（2）Diehl P. F. *International Peacekeeping* (Baltimore and London: The Johns Hopkins University Press, 1993), p.29.

（3）古藤晃『世界の紛争ハンドブック』研究社、2002年、163頁。

（4）北村治「保護する責任と介入の正義」内田孟男（編）『地球社会の変容とガバナンス』中央大学出版部、2010年、72頁。

（5）世界情勢探究会『世界紛争地図』角川ＳＳＣ新書、2010年、143頁。

（6）毎日新聞社外信部（編著）『世界の紛争がよくわかる本』東京書籍、1999年、102頁。

（7）紀伊國屋書店・ＡＰＦ通信社 ビデオ『戦場を行く2―日本人が見た国連・ＰＫＯ』、1999年。

（8）Cox J. “Watershed in Somalia”, in Morrison A., Fraser D. and Kiras J. (eds.) *Peacekeeping with Muscle: The Use of Force in International Conflict Resolution* (Clementsport: The Canadian Peacekeeping Press, 1997) pp.127-132.

（9）21世紀研究会編『民族の世界地図』文藝春秋、2000年、192頁。

（10）Vaccaro J. M. “Politics of Genocide: Peacekeeping and Disaster Relief in Rwanda”, in Durch W. J. (ed) *UN Peacekeeping, American Policy, and the Uncivil Wars of the 1990s* (London: Macmillan, 1997), p.373.

（11）外務省ホームページ『人間の安全保障』http://www.mofa.go.jp/mofaj/gaiko/hs/hosho.html. 2010年9月24日参照。

（12）その後、2006年、ミロシェビッチは収監中の独房で心臓発作のために死亡し、裁判は中途で終了した。

（13）北村治、63頁。

（14）The Responsibility to Protect: Report of the International Commission on Intervention and State Sovereignty, December 2001.

おわりに

このように国際社会（あるいはグローバル社会）はさまざまな問題に直面してきました。貿易面では、保護主義の台頭による自由貿易体制の必要性が生じました。グローバル化の社会においては、その楽観的な推測からさらなる格差社会や貧困問題を招くことになりました。環境面では、より豊かな私たちの生活を追求するばかりに、地球温暖化の問題が生じることになりました。安全保障の問題では、東西冷戦が終了し、大国の無関心から民族紛争のような国内紛争が途上国間で勃発しました。このような国際問題に対して、国際社会が一致団結して新たな取り組みを始めました。具体的には、貿易問題に関してはＷＴＯ、貧困問題に対しては世界銀行や国連ミレニアム開発目標、地球温暖化問題ではＩＰＣＣそして京都議定書に代表される国連気候変動枠組条約、安全保障面では国連ＰＫＯなどです。国際社会がこのような国際公共政策を発案そして実行してきたことにより、国際社会全体がこれらの問題を真摯に受け止め、国際社会全体の問題意識が高まったといえます。

それでは、先にあげたようなさまざまな国際公共政策が成功しているといえるでしょうか。この問題に関しては時期尚早といえるでしょう。国際社会が無関心で、あるいは自国のことしか考えず、このような国際公共政策を実行しようとしなければ、国際社会は悲惨な状況になっていたかもしれません。よってこのような国際公共政策に対しては、一定の評価をしてもいいでしょう。一方で、ここにあげたさまざまな政策、すなわちＷＴＯ、世界銀行、国連ミレニアム開発目標、京都議定書、国連ＰＫＯなどは確かに世界全体を見渡して考え出された組織あるいは政策です。しかしこのような政策のほとんどは、世界の大国を中心にして作られたものです。その結果、ＷＴＯの貿易紛争事例を見ても、アメリカのような大国ばかりが関与することになりました。世界銀行の財源も出資先は先進国が多いために、その貧困対策は規制緩和に代表されるような先進国の考えが優先されました。京都議定書は、途上国に配慮し先進国のみに温室効果ガス削減ノルマが課されましたが、アメリカの不参加をはじめとして期待されたような成果が上がりませんでした。国連ＰＫＯは東西冷戦中においては大きな成果が上がったようですが、冷戦後には大国が積極的に関与して満足に機能しなくなった時期がありました。

国際社会が、国際公共政策を通じて世界をより豊かにしようとしてきました。そこにはさまざまな国の経済的・人的・軍事的負担も必要としてきました。一方で、このような国際組織もそれぞれ国益を求めている国家の集合体であることを忘れてはなりません。よって貿易・貧困・環境・安全保障の分野のすべての国際公共政策においても、自国の利益を考えた発言や行動がなされていることも否定はできません。このことは残念なことと考えられます。しかし、これは「残念である」というよりも「そのようなことを視野において」今後、グローバル社会の諸問題に対応していく必要があるともいえるでしょう。

この本では、貿易問題では「保護貿易か自由貿易か」、グローバル化と貧困問題では「貿易か援助か」、環境問題では「先進国の責任か、世界全体の責任か」、紛争問題では「内政不干渉か、保護する責任か」という2択の問題を投げかけました。これは「世界の国々が個々の問題に勝手に取り組み、あるいはほんの一部の国々が自分たちの価値観で国際問題に関与すべき」か、それとも「おせっかいと言われても国際社会や世界すべての国が統一した基準を設け、さまざまな問題に取り組むべきか」という2つの問題に集約されます。国際公共政策では、WTO、世界銀行、国連気候変動枠組条約、国連PKOのような組織や政策が徹底されれば、後者のような姿勢になっていきます。しかし、その問題は現在の時点では100%完全に機能を果たしているとはいえません。それは、後者のように世界の国々全体で1つの基準の下にある試みをしても、世界では経済格差、規模の大小、そしてそれぞれの国における事情が異なるからです。簡単に言えば多様な国家が存在しているために、統一基準で政策を実施することが困難であったのです。これが現在における国際公共政策の問題といえるでしょう。国際社会において、世界のすべての国が良くなってほしいという気持ちは確かにありました。しかし、その改善の仕方を皆に同じことを同じようにやってもらおうということでした。このやり方は、アメリカのような大国が主導になって奨励されたことといえます。今後、国際公共政策を追求する上では、もう少し小さな国の状況を考慮していくべきであると考えます。

また現在、折衷案として考え出され始めているのが、「国際が現在無理ならまずは地域で」という考え方です。貿易面ではTPPのような地域における自由貿易体制、安全保障面ならNATOのような地域機構の治安維持活動といったものです。環境問題も、京都議定書のような「上からのノルマ」というよりは、国連気候枠組条約の中にありながらも個々の国が自分たちの目標を立てていくという形に変わっていきました。個々や地域が固まって初めて国際が活きていくという考えは、前向きに考えていくべきでしょう。そして、自由貿易、貧困対策、地球温暖化対策、国連主導の紛争解決が新たな方向で、復活してほしいと思います。

このように国際社会にはさまざまな問題があり、国際社会も傍観するのではなくさまざまな枠組みを作り、問題解決に取り組んでいることは大いに評価できます。そして、試行錯誤の中でできるだけ「これなら自分たちも貢献できる」という線を個々の国が決定することにより、国際社会全体ができるだけ良いものになってもらいたいものです。

最後に、2013年国連では、国連ミレニアム開発目標（MDGs）の取り組みが2015年で終了することから、2015年以降の開発問題を考える「ポスト2015開発アジェンダに関するハイレベル・パネル」という会議を招聘し、同年5月30日『新たなグローバル・パートナーシップ：持続可能な開発を通じ、貧困と経済の変革を（A New Global Partnership: Eradicate Poverty and Transform Economies through Sustainable Development）』という報告書を発表しました。この報告書では、2015年以降の開発問題は次の5つの大変革を推進すると言っています。1つ目は、脱落者を出さないということです。これまでの極度な貧困を削減することから絶滅していこうという壮大な目標で、そのためには世界の誰もが基本的な経済的機会と人権を保障されるべきというものです。2つ目は、一時的な大きな発展ではなく、少しずつでも持続可能な発展（Sustainable Development）を中心に考えるということです。この持続可能な発展には、気候変動のような環境問題に対して積極的に取り組む必要があると訴えています。3つ目に、包括的な成長のために経済形態を変容させるということです。変革や技術革新、さらに海外投資や貿易により経済形態が多様化することにより、新たな雇用を生み出そうという考え方です。4つ目は、平和によりすべての人にとって開かれた責任ある国作りを目指すということです。紛争や暴力からの解放は、開発問題を含めた豊かな社会を築く上で欠かせない基盤であるということです。そして5つ目は、新たなグローバル・パートナーシップを作るということです。これは、国際社会において立場の弱い人々に市民団体、国際機関、政府、学識者、企業、NGOが団結してより良い国際社会を作ろうとすることです。このハイレベル・パネルが出した報告書には、貧困撲滅、環境対策、貿易推進、紛争からの解放が大きな目標とされています。すなわち2015年以降の国際社会の開発問題には、この本のテーマである「貿易」「貧困」「環境」「紛争」が密接に関係してくるということです。言い換えれば、貿易、貧困、環境、紛争がそれぞれ独立した問題ではなく、お互いが影響しあい依存しあっているといえるでしょう。この4つの問題がすべて底上げされてこそ国際社会は豊かになっていくのだということを述べてこの本の結論とします。

省略形一覧

ACP: Africa, Caribbean and Pacific（アフリカ・カリブ海・太平洋諸国）

AU: African Union（アフリカ連合）

AWG-KP: Ad Hoc Working Group on Further Commitments for Annex I Parties under the Kyoto Protocol（京都議定書における先進国のさらなる約束を検討する作業部会）

AWG-LCA: Ad Hoc Working Group on the Long-term Cooperative Action（気候変動枠組条約の下での長期協力のための作業部会）

CDM: Clean Development Mechanism（クリーン開発メカニズム）

CIA: Central Intelligence Agency（アメリカ中央情報局）

COP: Conference of the Parties（(気候変動枠組条約）締約国会議）

DDA: Doha Development Agenda（ドーハ開発アジェンダ）

DSB: Dispute Settlement Body（ＷＴＯ紛争解決機関）

EC: European Community（ヨーロッパ共同体）

ECSC: European Coal and Steel Community（ヨーロッパ石炭鉄鋼共同体）

EEC: European Economic Community（ヨーロッパ経済共同体）

EU: European Union（ヨーロッパ連合）
EURATOM: European Atomic Energy Community（ヨーロッパ原子力共同体）
FIFA: Federation Internationale de Fotball Association（国際サッカー連盟）
FRB: Federal Reserve Board（アメリカ連邦準備理事会）
FTA: Free Trade Agreement（自由貿易協定）
GATT: General Agreement on Tariffs and Trade（関税と貿易に関する一般協定）
GATS: General Agreement on Trade in Services（サービスの貿易に関する一般協定）
GDP: Gross Domestic Product（国内総生産）
G20: Group of 20（金融世界経済に関する首脳会合）
HIV: Human Immunodeficiency Virus（ヒト免疫不全ウィルス）
IBRD: International Bank for Reconstruction and Development（国際復興開発銀行あるいは世界銀行）
ICSU: International Council for Science（国際学術連合）
IMF: International Monetary Fund（国際通貨基金）
IPCC: Intergovernmental Panel on Climate Change（気候変動に関する政府間パネル）
ISAF: International Security Assistance Force（国際治安部隊）
JA: Japan Agriculture（全国農業協同組合連合会）
JI: Joint Implementation（共同実施）
LDC: Least Developed Countries（後発発展途上国）
MDGs: Millennium Development Goals（国連ミレニアム開発目標）
MINURSCA: United Nations in the Central Africa Republic and Chad（国連中央アフリカ多面的統合安定化ミッション）

MINURSO: United Nations Mission for the Referendum in Western Sahara（国連西サハラ住民投票監視団）
MINUSMA: United Nations Multidimensional Integrated Stabilization Mission in Mali（国連マリ多面的統合安定化ミッション）
MINUSTAH: United Nations Mission in Haiti（国連ハイチ安定化ミッション）
MPLA: Movimento Popular de Libertao de Angola（アンゴラ解放人民運動）
MONUSCO: United Nations Stabilization Mission in the Democratic Republic of the Congo（国連コンゴ民主共和国安定化ミッション）
NAMA: Non-Agricultural Market Access（非農産物の市場アクセス）
NASA: National Aeronautics and Space Administration（アメリカ航空宇宙局）
NGO: Non-Governmental Organization（非政府組織）
NHK: Nippon Hoso Kyokai（日本放送協会）
ODA: Official Development Assistance（政府開発援助）
OECD: Organisation for Economic Co-operation and Development（経済協力開発機構）
PKO: Peacekeeping Operations（平和維持活動）
SAP: Structural Adjustment Plan（構造調整政策）
SIPRI: Stockholm International Peace Research Institute（ストックホルム国際平和研究所）
SNA: Somali National Army（ソマリア国民同盟）
SNS: Social Net Service（ソーシャル・ネット・サービス）
SPS: Sanitary and Phytosanitary Measure（ＷＴＯ衛生植物検疫措置）
TPP: Trans-Pacific Partnership（環太平洋戦略的経済連携協定）
TRIPS: Agreement on Trade Related Aspects of Intellectual Property Rights（ＷＴＯ知的所有権の貿易関連の側

面に関する協定）

UNAIDS: Joint United Nations Programme on HIV and AIDS（国連合同エイズ計画）

UNAMID: African Union/United Nations Hybrid Operation in Darfur（ダルフール国連・AU合同ミッション）

UNAMIR: United Nations Assistance Mission for Rwanda（国連ルワンダ支援団）

UNCED: United Nations Conference on Enviornment and Development（環境と開発に関する国連会議）

UNCTAD: United Nations Conference on Trade and Development（国連貿易開発会議）

UNDOF: United Nations Disengagement Observer Force（国連兵力引き離し監視隊）

UNDP: United Nations Development Programme（国連開発計画）

UNEF: United Nations Emergency Force（国連緊急隊）

UNEP: United Nations Environment Programme（国連環境計画）

UNFCCC: United Nations Framework Convention on Climate Change（国連気候変動枠組条約）

UNFICYP: United Nations Force in Cyprus（国連キプロス平和維持隊）

UNIFIL: United Nations Interim Force in Lebanon（国連レバノン暫定隊）

UNISFA: United Nations Interim Security Force for Abyei（国連アビエ暫定治安部隊）

UNITA: The National Union for the Total Independence of Angola（アンゴラ全面独立民族同盟）

UNITAF: Unified Task Force（統合機動部隊）

UNMIK: United Nations Interim Administration Mission in Kosovo（国連コソボ暫定行政ミッション）

UNMIL: United Nations Mission in Liberia（国連リベリアミッション）

UNMISS: United Nations Mission in South Sudan（国連南スーダン共和国ミッション）

UNMOGIP: United Nations Military Observer Group in India and Pakistan（国連インド・パキスタン軍事監視団）

UNOCI: United Nations Operation in Cote d’Ivoire（国連コートジボワール活動）

UNOSOM: United Nations Operation in Somalia（国連ソマリア活動）
UNTSO: United Nations Truce Supervision Organization（国連休戦監視機構）
USC: United Somali Congress（統一ソマリア議会）
WMO: World Meteorological Organization（世界気象機関）
WTO: World Trade Organization（世界貿易機関）

この本の中で紹介された視聴覚資料

【映　画】

『ブラックホーク・ダウン』２００１年（アメリカ）。

『ホテル・ルワンダ』２００４年（イギリス・イタリア・南アフリカ合作）。

『おいしいコーヒーの真実』２００６年（アメリカ・イギリス合作）。

『ブラッド・ダイヤモンド』２００６年（アメリカ）。

『不都合な真実』２００６年（アメリカ）。

【ビデオ・DVD】

紀伊国屋書店・ＡＰＦ通信社『戦場を行く2—日本人が見た国連・ＰＫＯ』１９９９年。

紀伊国屋書店・ＡＰＦ通信社『戦場を行く3—闘う少年兵士たち』１９９９年。

サン・エデュケーショナル『プライマリー経済入門—⑥貿易と経済のグローバル化』２００８年。

【ＮＨＫ】

『ＥＴＶ２００２：貧困の解決に何ができるのか—環境・開発サミット』２００２年。

《著者紹介》

石塚勝美（いしづか・かつみ）

1964年埼玉県春日部市生まれ。1987年獨協大学外国語学部英語学科卒業。1989年埼玉県教員（高校英語）。1995年に渡英。1996年英国ノッティンガム大学院修士号取得（国際関係学）。2000年英国キール大学院博士号取得（国際政治学）。現在，共栄大学国際経営学部教授。専門は，国連平和維持活動（PKO）および平和構築。主要著書として，*Ireland and International Peacekeeping Operations 1960-2000*（London: Frank Cass, 2004），*The History of Peace-building in East Timor*（New Delhi: Cambridge University Press India, 2010），『国連PKOと平和構築』（創成社，2008年），『国連PKOと国際政治』（創成社，2011年），（以上単著），*Japan, Australia and Asian-Pacific Security*（New York: Routledge, 2006），*UN Peace Operations and Asian Security*（London: Routledge, 2005），*Providing Peacekeepers*（Cambridge: Cambridge University Press, 2013）（以上共著）

（検印省略）

2014年10月20日　初版発行　　略称—国際公共

［入門］国際公共政策

—グローバル社会の貿易・貧困・環境・紛争—

著　者　石 塚 勝 美
発行者　塚 田 尚 寛

発行所　東京都文京区春日2－13－1　株式会社 **創 成 社**

電　話 03（3868）3867　ＦＡＸ 03（5802）6802
出版部 03（3868）3857　ＦＡＸ 03（5802）6801
http://www.books-sosei.com　振　替 00150-9-191261

定価はカバーに表示してあります。

ISBN978-4-7944-4066-2　C3036
Printed in Japan

組版：ワードトップ　印刷：エーヴィスシステムズ
製本：宮製本所
落丁・乱丁本はお取り替えいたします。